民間人として初めて
自由に硫黄島内を歩いた記録

(2006年／講演を参照)

写真①　2006年12月９日、硫黄島へ向かう小型ジェット機内。
いまだ何が起きるか知らず。

写真②　ついに硫黄島が姿を現した。手前の擂鉢山《すりばちやま》だけが高く、背後はすべて真っ平らの特異な形。

写真③　慰霊のために島の上空を一周する。まるで生き物のようにも見える。

写真④　摺鉢山は近づくと火口の一部（手前）が吹き飛ばされている。米軍の艦砲射撃と爆撃だ。

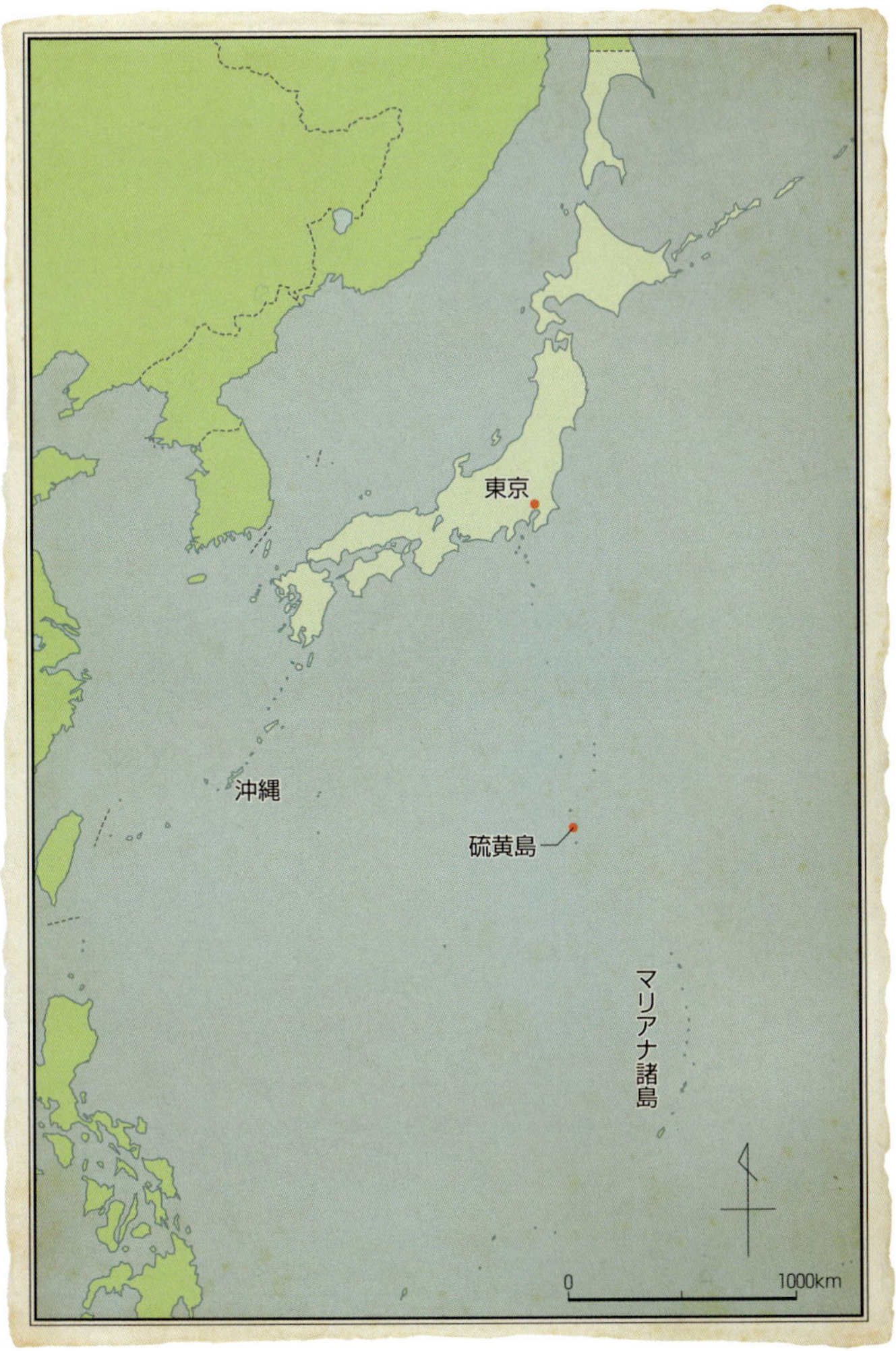

日本本土～硫黄島、硫黄島～マリアナ諸島、硫黄島～沖縄、ほぼ同距離とわかる。

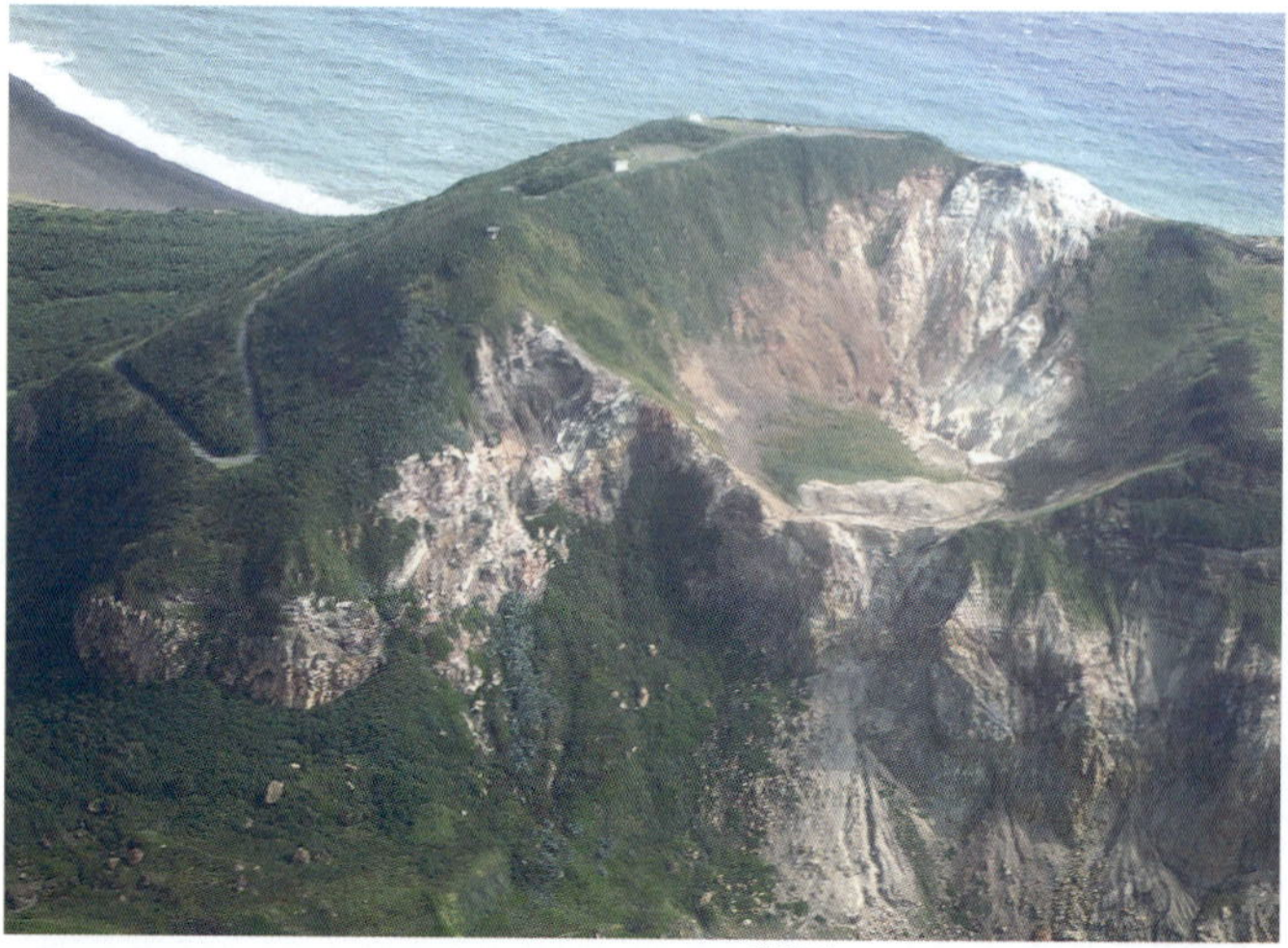

写真⑤　望遠レンズ越しに、日本兵が立てこもっていた急峻《きゅうしゅん》な岩の隙間や、現在の登山道が見える。

写真⑥　小型機が着陸した先には自衛隊機が降りる。このC1輸送機の下にも、ぼくの下にも……。

硫黄島地図

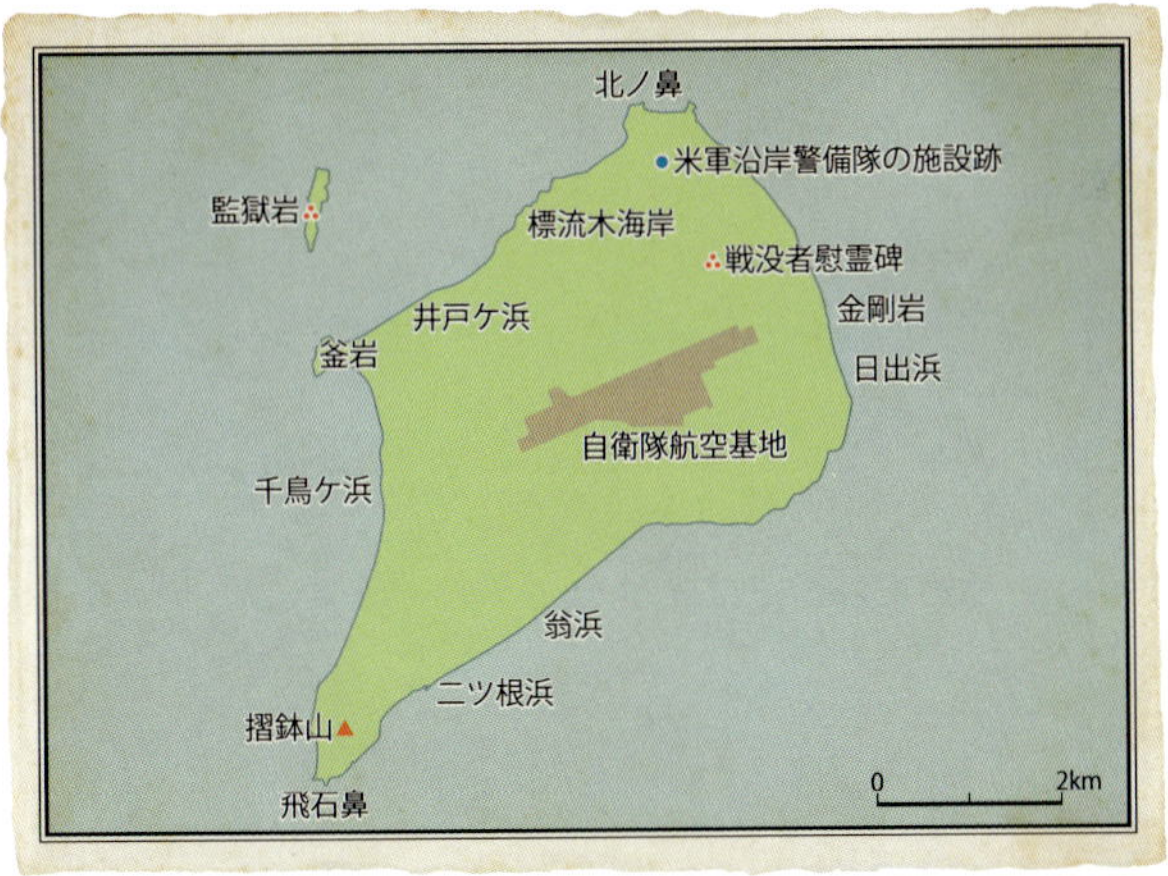

写真⑦　水野さんの4駆で兵団司令部壕《ごう》の入り口へ。栗林中将らはここから最期の突撃に出た。

写真⑧　摺鉢山の山頂。米軍将兵の記章がびっしりと付けられた向こうには、黒い砂浜が広がる。

写真⑨　この黒い砂浜に米兵が上陸し死闘のうちに島の奥深くへ。シルエットは撮影する青山繁晴。

写真⑩　フラッグ・レイザーの字が読める。山頂に星条旗を掲げた米兵の家族が造った記念盤。

写真⑪　摺鉢山の頂から見おろすと火口が吹き飛ばされているのが良く分かる。兵も吹き飛んだ。

写真⑫　上陸した米兵の頭やはらわたが飛び散っていた黒い砂浜から、摺鉢山を望む。

写真⑬　黒い砂浜に茫然と立つ。硫黄島ではいつも強風が襲い、青山繁晴の髪も逆立っている。

写真⑭　鹿島建設の工事事務所長の水野さんと永遠の握手。この人なしには島を回りきれなかった。

写真⑮　すべて死闘の跡。岩は横腹もてっぺんも銃痕だらけ。見晴らしを争って岩を奪い合った。

写真⑯　港を造ろうと米軍が試みて失敗した跡。船を沈め潮流を和らげようとしたが無理だった。

REUNION OF HONOR
ON THE 40TH ANNIVERSARY OF THE BATTLE OF IWO JIMA, AMERICAN AND JAPANESE VETERANS MET AGAIN ON THESE SAME SANDS, THIS TIME IN PEACE AND FRIENDSHIP.
WE COMMEMORATE OUR COMRADES, LIVING AND DEAD, WHO FOUGHT HERE WITH BRAVERY AND HONOR, AND WE PRAY TOGETHER THAT OUR SACRIFICES
WILL ALWAYS BE
AND NEVER BE REPEATED.
FEBRUARY 19
3RD, 4TH, 5TH DIVISION
ASSOCIATIONS, USMC
AND
THE ASSOCIATION OF IWO JIMA
写真⑰　現在、日米の元将兵が勝者、敗者の区別なく互いの勇気と誇りを称えあうと明記した碑。

写真⑱　「おい、止まってくれ」の声なき声で４駆を降りると、このトーチカがあった。

写真⑲　トーチカ内の２枚目の写真の一部。１枚目には、ここに赤いジャンパースカートの女の子がいる。

写真⑳　硫黄島からの帰路、小笠原の海の上空に血を流したような夕焼けが広がった。

写真㉑　栗林中将の墓に礼をする。ご遺骨は硫黄島に取り残され、寺には米兵が贈った島の石ころ。

にっぽん丸の硫黄島クルーズ

(2014年／講演を参照)

写真㉒　硫黄島クルーズでの第1回講演を開始。広いホールは思いがけず満員。

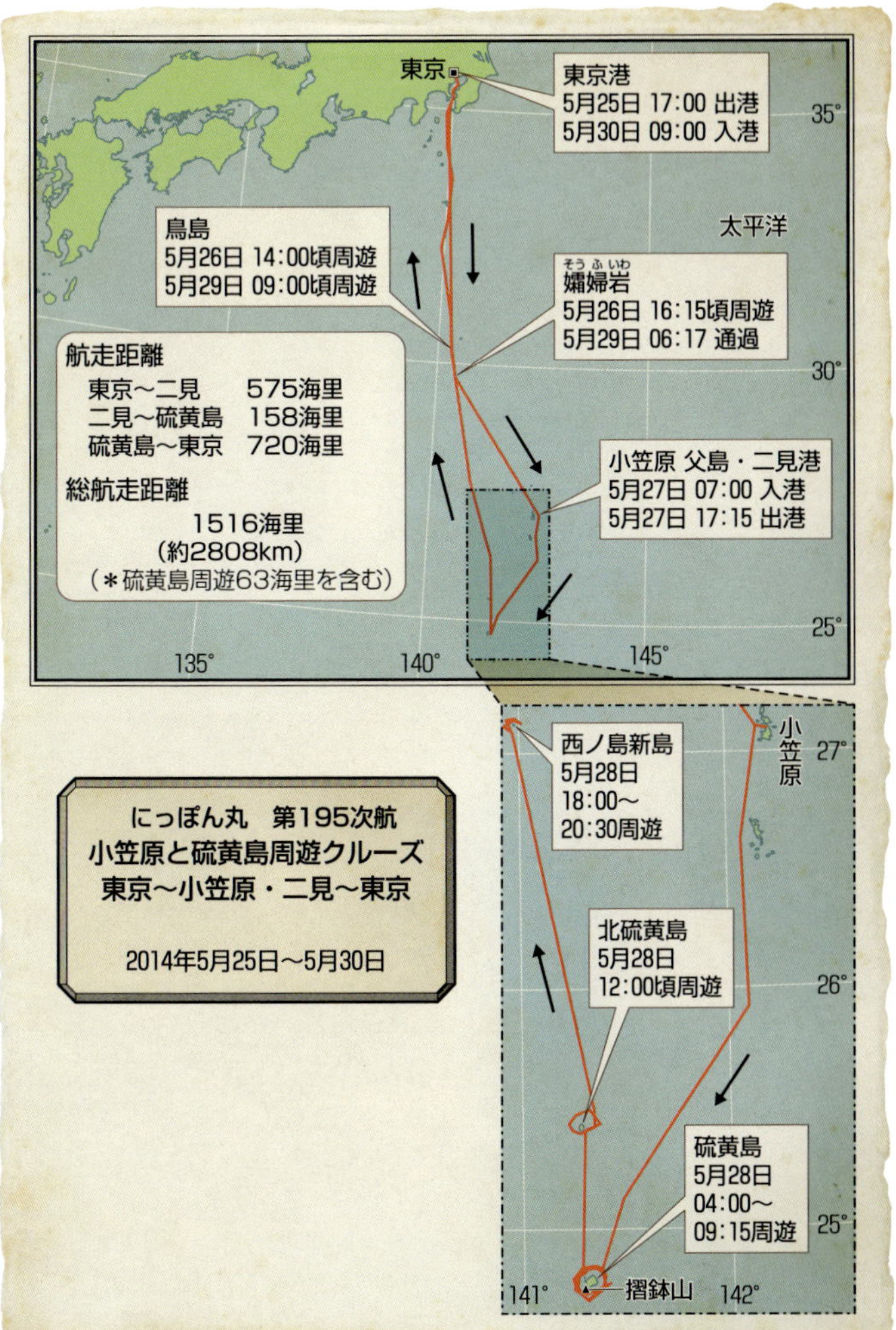
東京
東京港
5月25日 17:00 出港
5月30日 09:00 入港
35°
太平洋
鳥島
5月26日 14:00頃周遊
5月29日 09:00頃周遊
孀婦岩《そうふいわ》
5月26日 16:15頃周遊
5月29日 06:17 通過
航走距離
東京～二見 575海里
二見～硫黄島 158海里
硫黄島～東京 720海里
総航走距離
1516海里
(約2808km)
（＊硫黄島周遊63海里を含む）
30°
小笠原 父島・二見港
5月27日 07:00 入港
5月27日 17:15 出港
25°
135°
140°
145°
西ノ島新島
5月28日
18:00～
20:30周遊
小笠原
27°
北硫黄島
5月28日
12:00頃周遊
26°
硫黄島
5月28日
04:00～
09:15周遊
25°
摺鉢山
141°
142°
にっぽん丸　第195次航
小笠原と硫黄島周遊クルーズ
東京～小笠原・二見～東京
2014年5月25日～5月30日

写真㉓　左端は作曲家の、すぎやまこういち先生。隣は奥さま。わざわざ航海に参加して下さった。

写真㉔　上着を脱ぎ、懸命に「一緒に考えませんか」と呼びかける。

写真㉕　初めての船内講演でも、いつもと変わらず聴衆の中へ入っていく。

写真㉖　おのれが撮影した硫黄島の画像を見ていただく。いつかみな、島へ上陸できますように。

写真㉗　硫黄島へ向かう途中に現れる鳥島《とりしま》。火山活動の地層が凄絶《せいぜつ》に浮き出ている。

写真㉘　にっぽん丸の行く手に孀《そう》婦《ふ》岩《いわ》が現れた。

写真㉙　海に突き出た巨大な異形の周りを、にっぽん丸がゆっくりと回る。実は海底火山の一部。

写真㉛　硫黄島の死地へ向かった先輩方も、この孀婦岩を見ただろうことを噛みしめる。

写真㉚　父島から有楽町のニッポン放送と携帯電話で繋いで、報道番組「ザ・ボイス」に参加。

写真㉜　硫黄島北方の父島に上陸。明るい自然美が目に沁《し》みる。

写真㉝　父島の崖には日本軍の砲がまだ残る。

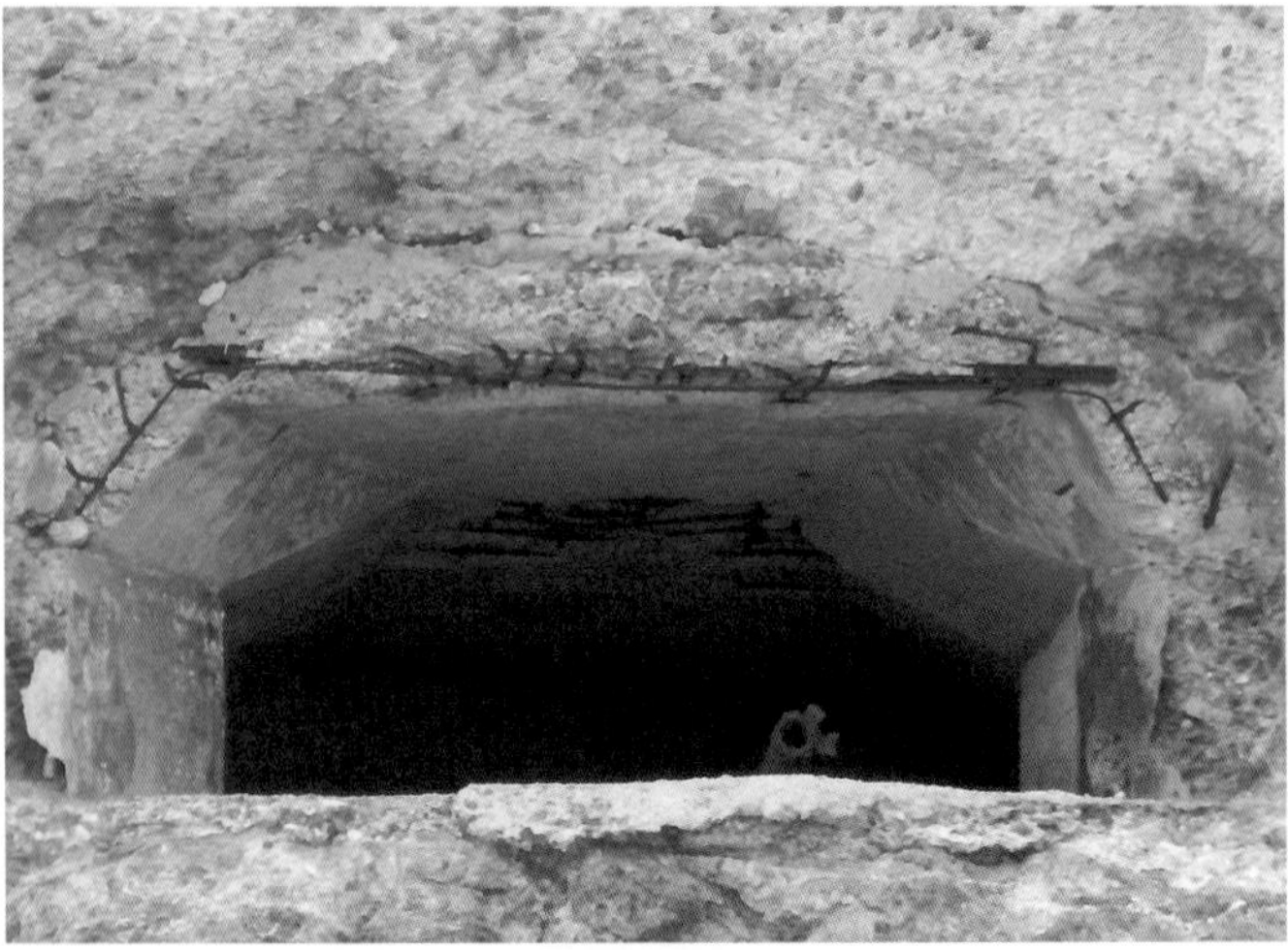

写真㉞　戦いがさほどの昔ではないことを雄弁に物語るかのような砲身が、のぞいている。

▲写真㉟　漁船に乗って、息を呑《の》むほど美しい父島の自然を廻る。

▲◀写真㊱　海上自衛隊の救難機US-2が父島の港に飛来。たった一人の病める国民を運ぶ。これが日本だ。

写真㊲　走る漁船の上で、太陽の恵みを全身でいただく。関テレのカメラマンがすかさず？撮影。

写真㊳　にっぽん丸のデッキから朝陽を望む。硫黄島の先輩方が繰り返し見た朝陽と、同じ光だ。

写真㊴　ついに硫黄島の目前に到着。
朝焼けのなかの摺鉢山と、それに続く
真っ平らな広い台地。

写真㊵　なんと一瞬だけ虹が架かった。にっぽん丸の公式カメラマンがいちばん鋭く捉えた。

写真㊶　その名の通り、硫黄が噴き出て海水と烈《はげ》しく反応している。これも先輩方が見た光景。

写真㊷　自衛隊の基地。昼も夜も、帝国陸海軍の将兵がふつうに自衛官の前に姿を現すという。

写真㊸　にっぽん丸は繰り返し、硫黄島を周回する。

写真㊹　強くなる日射しのなかで、摺鉢山のむごい戦いの跡がくっきりと眼前に迫ってくる。

写真㊺　にっぽん丸から見た、沈船の跡。青山が硫黄島の中から撮った写真と対照してほしい。

写真㊻　硫黄島を望むブリッジ(艦橋)から船内放送で、すべての乗客に語りかける。

写真㊼　デッキから見たブリッジ。予報でも船長の勘でも雨天だった。それが、みごとな晴天だ。

写真㊽　語るのをいったんやめて、乗客に考えていただく時間を作る。デッキには青山千春博士。

写真㊾　船内放送を終え、硫黄島の海に献花したあと、水を捧《ささ》げる。英霊の渇きにどうにか届け。

写真㊿　英霊と硫黄島との再会に、祈りを捧ぐ。先輩方の死と生と戦いが、報われますように。

写真51　ぼくは民間人だから本来は敬礼する立場ではない。しかし敬礼せずにいられなかった。

写真㊷　にっぽん丸は硫黄島に別れを告げ、本土に戻っていく。英霊はどれほど乗りたいことか。

写真㊸　北硫黄島の壮観が現れた。雲をいただき海鳥が自由に舞う。英霊も自由にさせてあげたい。

写真㊹　講演のあとミニ・サイン会。拙著に「脱私即的」と銘を書き、その人の名を大きく書く。

写真㊺　最後の講演。「海から祖国は甦る」というテーマの通り、硫黄島だけではなく沖縄も語る。

写真㊻　講演も終局に差しかかり、声がすっかり嗄《か》れている。

写真㊼　最後に、ぼくの名を小さめに書き、必ず握手し、希望の方とはハグをする。いつもの流儀。

写真㊽　すべて終え、クルーズ参加の契機を作ってくれた大平智子さんとハグ。隣の名司会者とも。

写真㊾　帰路、西ノ島に安全を確保しつつ近づき、日本の領土を増やしている噴火を見る。

写真キャプション｜青山繁晴
撮影｜青山繁晴、山田晃、廣田達也（写真40）
地図作製｜株式会社YHB編集企画
デザイン｜Malpu Design

ぼくらの死生観

——英霊の渇く島に問う

新書版「死ぬ理由、生きる理由」

青山繁晴

ワニブックス
|PLUS|新書

硫黄の烈しく噴き出る島に
今も取り残されたままの栗林忠道陸軍中将をはじめ
およそ一万と千人の日本国民に
ただ一杯の水のごとく
このちいさき書を捧ぐ。

この本では、漢字、ひらがな、カタカナ、ローマ字を自在に使っています。同じ言葉でも、この四種を場合によって使い分けます。

わたしは、ひらがなを創り出したことから、ほんとうの日本語が始まったと考えています。ひらがなとカタカナの柔らかな力で、漢字もローマ字もいわば日本語そのものへ意義深い変容を遂げたと考えます。

この日本語に対する信念と愛情にもとづいて、四種をあえて不統一に、その文脈に即して使います。一般的な校正の基準とは異なります。

また、数字の表記や人称についてもあえて不統一に、変化もさせます。これは、統一を図ることより文章表現を優先させるためです。

いずれも、どうぞご理解ください。

目次

生きるヒント　9

第1部　船が天から降ってきた　11

第2部　蒼天のデッキ　29

第3部　飛行機では行けない島々へ　39

第4部　一緒に考え始めましょう　硫黄島クルーズ連続講演　第1回　45
西暦2014年、平成26年、皇紀2674年5月26日月曜　10：45

余話のようでいて余話ではないこと　46
1　明日の朝5時まで　47
2　泳いで行っています　49
3　めぐり合わせ　53

目次

4　ほとんどが家庭人　57
5　アメリカがむしろ日本を知っている　64
6　暗いなか「おい、ちょっと待てよ」　69
7　子供たちが見誤る　75
8　ぬるぬるの鼻　78
9　天のいたずら　87
10　一瞬で入り、一瞬で抜けていった　95
11　こころが目覚める　98
12　機長からの手紙　103
13　生涯ただ一度の土下座　106
14　ただのひとりも「自分のため」でなく　109
15　おい、止まってくれ　116
第5部　再会　119
一緒に聞いてください　120

第6部　わがちいさき声よ、島に届け　硫黄島クルーズ・にっぽん丸船内放送　123
西暦2014年、平成26年、皇紀2674年5月28日水曜　8：00
1　わたしたちは31日分の子孫　124
2　再掲されていた日章旗　128
3　アメリカ軍の初めての戸惑い　130
4　山の頂はいまだに占領下　134
5　しゃれこうべの手土産　137
6　むしろアメリカから聞かれる　140
7　何というタイミング　143
8　富士山と繋がって　144
9　硫黄島のかけがえのない値打ち　148
10　海軍共通の白服　150
11　石ころの法要　155
第7部　ニッポンの変化　硫黄島クルーズ連続講演　第2回　159

目次

西暦2014年、平成26年、皇紀2674年5月28日水曜 16：00
1 いつかみんなの島に 160
2 総理の眼差し 162
3 怒りのない眼 168
4 カラカラに渇いた島 170
5 親米派の陸軍中将 174
6 滅びざる硫黄島の魂 182
7 トーチカの中に現れた栗林中将の想い 197
8 命のドラム缶 207

第8部 腕のなかで少女に戻る 硫黄島クルーズ連続講演 第3回 217

西暦2014年、平成26年、皇紀2674年5月29日木曜 10：45
1 第二次安倍政権に危機ありき 218
2 築かれていた決意 226
3 天に背いて 231
4 私心を捨てる日本の文化 237

5　本当は忘れられている沖縄戦　243
6　白梅の塔に教えられたこと　249
7　ひとりのおばあが話してくれたこと　257
8　少女が報われる　266
9　祖国は必ず甦る　274
10　最後に　279

第9部　別れではなく　283

硫黄島再訪、再々訪、再々々訪　288

この書が新書として再生する朝は、こころの晴れ間です　292

※本書の肩書、数値などは2014年8月時点のものです（巻末の「この書が新書として再生する朝は、こころの晴れ間です」を除く）。

生きるヒント

わたしたちはどうやって生きるか。

そのヒントというのは、ほんとうは天があちこちに用意してくださっていると思います。

どんなに勉強していい大学へ行っても、望む就職をしても、いずれ死ぬ。あるいは、「うまくやった」と内心で笑うほど上手に危機を乗り越えても、いずれ死ぬ。先には真っ黒な空しさが逃れようもなく待っているのに、なぜ、生きるのか。何気なくふだん暮らしている方でも、この根本命題にふと、胸の奥で突き当たるひとはいらっしゃるでしょう。

それをどう考えるか。この書でもぼくは、結論めいたことを読者に強いるつもりはありません。

今回は、日本の蒼《あお》い海と、ひとつの島が手がかりです。その海を渡り、島を目前にする航海を一緒にクルーズして、そのなかから生きるヒントをもしも良かったら汲《く》みとってください。

それだけが、願いです。

第1部　船が天から降ってきた

1

にっぽん丸という大型の客船が日本にいます。

彼女のゆったりとした船体を東京港で見かけることが、ぼくにもありました。船は、世界中で女性として扱われます。にっぽん丸の白、濃紺のツートンカラーの姿には、明るい気品があります。

正直、無縁だと思っていました。豪華な客船は愉《たの》しいところへ時間をたっぷりと掛けてクルーズします。ほぼ毎日、飛行機に乗って移動している現在のぼくがお客になるとは、まず考えられません。

その長い航海中には、いろいろなエンタテインメントがあるでしょうが、ぼくはタレントではありませんから、それにもご縁がありません。

ぼくが社長を務めるシンクタンクの「独研」（株式会社独立総合研究所）は、自前で調査船を借りて海に出て、日本初の自前資源であるメタンハイドレートの実物を採取したりしますから、海と船には深いご縁があります。

それに独研の自然科学部長の青山千春博士は、「女が船にクルーとして乗り込むと沈む。女は操船するな」という迷信と差別を乗り越え、日本女性で初めて大型船の船長の資格をとったひとです。

私生活では、ぼくの配偶者です。「お母さんは遠洋へ練習航海に出る船乗り」という男の子ふたりの子育てをすることは、なかなかに大変でした。

その意味でも、海と船はごく身近な存在です。

それだから余計に、同じ船のなかでも、にっぽん丸のような豪華客船は最初からご縁がないとぼくは思い込んでいました。

ところが――。

人の世は面白いですね。

西暦２０１３年の11月６日の夕方４時25分、関西テレビの報道番組「スーパーニュース・アンカー水曜版」の生放送に参加する直前のこと、青山千春博士からＥメールが来ました。

「社長っ」と珍しく興奮した書き出しです。

ちなみに公私は厳しく分けていますから、仕事に関する連絡はすべて「社長」としてのぼくに来ます。

中身を読むと、にっぽん丸から講演依頼が来たというのです。それも「ついに来ました」と書いてあります。

最初、ぼくはいろんな意味でよく理解できませんでした。

独研は、営業活動というものをしないので、にっぽん丸に何か働きかけたということは一切ありません。社長のぼくに了解を得ないで自然科学部長が「営業」するということもまた、ありません。

先ほども述べたように、航海ではエンタテインメントも催されるでしょうが、ぼくはエンタテイナーではありません。


いわば堅い話の、ぼくの講演をにっぽん丸の中でやる？

そんなの、乗客に迷惑じゃないのかな。

第一、にっぽん丸を運航している商船三井客船にとっても利益が計算できないだろうに。

豪華客船に乗るひとは、きっとリラックスしてエンタテインメントも愉しみながら航海したくて乗る。問題提起いっぱいの講演を聴きたくて、わざわざ乗ってくれる人は居ないんじゃないかな。

ぼくはEメールを読んで、こう感じたのでした。

しかし青山千春博士は、さすが船乗り、輝く海の小笠原諸島をこのにっぽん丸がクルーズしていることを良く知っていて、だからこそ「いつか青山繁晴に、『航海に同行して乗客のみなさんに話をしてくれ』という依頼が来たりはしないのかな」と考えていたのでした。

ぼくに一度も話したことはないけれど、それが秘《ひそ》かな願いであったのです。

なぜでしょうか。

2

わたしたちの小笠原諸島は、その自然が世界遺産に指定されました。

西暦2011年のことです。おかげで世界の人々だけではなく日本国民にもその値打ちがあらためて知られています。

なのに、諸島の内ただひとつの島だけは無視されています。

世界遺産からも除外されています。

それどころか、1972年に小笠原諸島が国立公園に指定されたときにも除外され、いわば無視されたままです。

それが硫黄島、いおうとうです。

硫黄島は、第二次世界大戦、日本の立場では大東亜戦争の末期、1945年の2月から3月にかけて大戦のなかでも最も酷《むご》い肉弾戦が戦われた島です。

そしてアメリカが日本から奪って占領しました。

日本はそれまでの2千年をはるかに超える永い歴史で初めて、国土の一部を外国に占領されました。

そうならないようにと2万1千人の日本国民が戦って2万人が殺されました。今ではみな、「日本兵」と呼ばれていますが、実際は戦争の末期ですから職業軍人はおよそ千人しかいなくて、2万人は、ぼくらと同じくサラリーマンであったり、役場の職員、学校の先生、雑貨屋さんであったり、つまり働く普通の庶民が戦って、ほぼ全員が殺されました。

こうした「玉砕」の島は、アジアに幾つもあります。しかしすべて外国です。

ただ硫黄島だけが日本の島です。

だから外国と交渉しなくても、すべてのご遺骨に問題なく故郷へ帰っていただくことができるのに、それをろくに実行しないまま、70年近くが過ぎて、いまだに半分以上、1万と1千人以上の方々が硫黄島に取り残されています。

この硫黄島は政府によって立ち入り禁止にされています。海上自衛隊の基地があるから、というのが表向きの理由のひとつですが、基地は硫黄島の一部に過ぎません。

たとえば海上自衛隊の基地は、地方総監部のある主要な基地だけでも北から大湊、横須賀、舞鶴、呉、佐世保、そして役割の特にたいせつな基地で言えばたとえば沖縄本島の那覇など全国にありますが、基地があるからと言ってその街、地域、島全部が立ち入り禁止にされているところがあるでしょうか。

特別な許可がないと立ち入りできないのは基地内だけです。

硫黄島の全島が立ち入り禁止になっているのは、隠された理由が別にあるからです。

そして国民が立ち入りできないことが実質的には障害になり、国立公園から除外され、せっかく世界遺産に指定されても除外され、取り残されたままの日本国民1万数千人は、ますます忘れ去られるばかりでした。

その硫黄島に、ぼくは西暦2006年の12月9日、防衛庁（当時）と自衛隊のいわば良心派に支えられ正式な許可を得て入り、終日、自由に歩きました。

自由に、というのは勝手気ままにという意味ではなく、いち民間人のぼくが役所から何も制限されることなく自由意思だけで歩き回ったということです。敗戦後の日本の硫黄島では、初めてのことであり、今もぼくひとりであると、現在の防衛省から聞いています。

草木を分けて戦いの生々しい跡をたどり、地下壕《ちかごう》に潜り、摺鉢山《すりばちやま》という富士山に繋《つな》がる火山にも登りました。すべてが日米の将兵がそれぞれの祖国のために死力を尽くしきった、忘れてはいけない場所です。

そこで出逢《であ》った英霊のみなさんの生き方、そして死に方のこと、敗戦後のわたしたちの考えたい死生観などを、その後、講演会などですこし話すようになりました。

3

しかし講演会では、拉致事件であったり原子力災害であったり話さねばならないことがどんどん山積みになっていきますから、硫黄島のことはほんの少ししか話せません。

それでもお聴きになった方々からの反響は、実は、凄《すさ》まじく大きいのですが、こうしたことについて青山千春博士が何かをぼくに話すことはふだん、全くありません。

科学者である青山千春博士はリアリズムのひとです。

仕事について話すことは、彼女の専門分野の水中音響学を活かした特許技術、その技術で探索する海底資源メタンハイドレートをはじめ現在と未来の日本をどうするかが中心で、終わってしまった戦争について話すことはほとんど無いのです。

しかしほんとうは、青山千春博士の亡きお父さんは、帝国海軍の軍楽隊のトランペッターとして日本の誇る重巡洋艦「足柄」に乗っていました。

敗戦後はN響ことNHK交響楽団に入り、そのあとジャズの世界に移り、鉄腕アトムのあの高らかなトランペットの音は、青山千春博士のお父さん、横川秀男さんの遺《のこ》した音です。

ひとり娘だった千春は、そのお父さんから海と船の話を聴いて育ち、だから船乗りを志したのでした。

ところが「女だから駄目」と当時の東京商船大学、防衛大学校、海上保安大学校にいずれも受験すら拒まれ「女だから、何」と驚き呆《あき》れつつ、ようやく東京水産大学（現・東京海洋大学）で航海学を学ぶことができて、今に至るのです。現在の日本の女性海上自衛官、女性海上保安官、そしてすべての女性航海士の出発点になったひとです。

こうして海と船が大好きなうえに、お父さんの話に出てくる日本の将兵は悪者じゃないのに、なぜ悪者扱いされて、硫黄島にも取り残されたままなのかという自然な疑問、少女の心に生まれたままの疑問も持っていたようです。

そしてにっぽん丸のように「日本」を船名に冠し、小笠原諸島をも巡る大型客船がいつか硫黄島にも行ってほしい、もしも行くのなら、そこに不肖ぼくも乗り込み、乗客のみなさんに立場の違いを超え、意見の違いを超え、ありのままの話、ささやかな問題提起をする機会があればいいのにと、秘かに願っていたようです。

願ってはいたけれど、「売り込むような営業はしない」という独研の生き方を誰よりも深く理解している一人が青山千春博士でもありますから、胸に秘めていただけだったのです。

それが突然、まるで天から降ってくるように、その願いのまんまのオファーが商船三井客船から来たのですから「社長っ」と叫ぶようなＥメールを寄越したのも、分かりますね。

4

しょうから。

　ぼく自身も不思議に思いました。商船三井客船のビジネスとしては、あまりに異例で
　事情をお尋ねしてみると、元アナウンサーで今はにっぽん丸の世界一周航海にも同道されている大平智子さんという、広告代理店のひとりの女性が、硫黄島をめぐる、ぼくのつたない話に関心を持たれていたそうです。

　いつか、にっぽん丸の小笠原クルーズの行き先に硫黄島を加えて、ぼくの話を乗客に聴いてもらいたいという願いを、この智子さんが深められて、粘り強く上司らとの話し合いや商船三井客船へのプレゼンテーションを重ねてきたうえでのオファーだったのでした。

　胸に静かに染み入るように、ぼくはこのいきさつを聴きました。

　ただ、硫黄島は立ち入り禁止のままですから、クルーズの行き先に仮に硫黄島を加えることができても接岸や乗客の上陸はできません。そもそも硫黄島は環境が厳しすぎて

港がないのです。

近くの海から硫黄島を間近に望むだけです。

それでもぼくは十二分に意義があると考えました。こうした観光船に、ごく普通のことのように硫黄島を知る時間をさらり組み入れることは、尊いことです。

ぼくらが敗戦後、ずっと学校で教わり続け、マスメディアから思い込まされてきた歴史は、実はひどく偏った歴史かもしれないとみずからの頭で考え直すきっかけを作ってくれるかも知れません。それまで歴史にも祖国にも関心が無かったひとにまで。

青山千春博士のEメールを受けて、ぼくは直ちに独研の社長・兼・首席研究員としてゴーサインを出しました。

ただし、それでも何もかも吹き飛ばしてしまいかねない大問題がありました。

ぼくの日程です。

クルーズとなると、乗船して下船するまで、ある程度の日数を船中に缶詰になります。

ぼくのささやかな発信の読者、視聴者のなかには「きっと青山さんはヘリで講演の時だけ乗り降りするに違いない」と受け止めた方も少なくないのですが、にっぽん丸にへリポートはありませぬ。小型ヘリでも離発着するのはずいぶんと難しいし、なによりコストとして無理がありすぎます。

だから商船三井客船からのオファーは、２０１４年５月のクルーズについて半年も前の２０１３年11月にあったわけです。

しかしぼくの日程は、１年以上前にどんどん詰まっていきます。実際、２０１４年５月のクルーズ期間中に、すでにテレビやラジオのいずれも生放送への参加は入っていました。

そこで、ラジオ（ニッポン放送の報道番組「ザ・ボイス」木曜版）はどうにか船上とラジオ局を衛星回線の電話で繋いで、番組の一部にだけでも参加することをいったん、決めました。

テレビ（関西テレビの報道番組「スーパーニュース・アンカー」水曜版）は、それが難しいということでしたから、生放送は諦めてお休みし、その代わりに番組のカメラマンに乗船してもらい、後日、硫黄島への航海について放送することにしました。

つまり、視聴者や番組スタッフに迷惑と負担を掛けつつ、どうにか対応できます。

しかし、たったひとつでも講演会が、このクルーズの間にすでに入っていればアウトでした。

講演会は、主宰者がすでに会場を用意し、ビラやチラシを配り、お知らせも回し、その結果として聴衆のみなさんは人生の返らない時間を割いて来場される予定を、立てられます。キャンセルすれば影響が大きすぎます。

ぼくはふだんからそう考えていたので、大腸癌《がん》を医師から告知されたときも、講演会の予定がある間は手術を先延ばしにし、内心で「このあいだに癌が転移して死に至るかもね」と考えつつ、決定済みの講演会がない時期をどうにか選んで、医師にお願いし、そのときに手術してもらいました。

このクルーズといえども、もしも決定済みの講演会がひとつでも入っていれば万感を込めつつ、お断りしたと思います。

しかし西暦２０１４年５月25日の日曜午後５時、東京港から出港、30日の金曜朝９時ごろに帰港という６日間に、講演の打診だけはすでに少なからずありましたが、奇跡的に決定済みの講演会は入っていませんでした。

不遜《ふそん》な物言いですが、天のご意思を感じ、こころ深くで感謝を申しました。

5

さぁ、おかげでこの硫黄島へのクルーズが実現しました。

硫黄島がアメリカ軍に占領されてから、この航海の時で69年が経っています。

そして硫黄島が日本に復帰したとき、それは硫黄島に続いてアメリカ軍が占領した沖縄の祖国復帰より4年前の1968年のことですが、そこからは46年間が過ぎています。

この長い歳月で、こうした『硫黄島を考える講演会付きのクルーズ』は初めてのことでしょうと関係者はおっしゃいます。

みなさん、このクルーズをぼくと一緒に再体験しませんか。

実は、この硫黄島へのクルーズのことを、ぼくの地味な個人ブログ（http://blog.goo.ne.jp/shiaoyama_july）に記してから、おそらく普段はこうしたクルーズには参加されないだろう、とても若い人たちをはじめ「これまでにはなかったタイプのお客さま」

（にっぽん丸クルー）もたくさん乗船され一緒に航海しました。

その輝く眼をみているとき、「航海が終わった後どんなに忙しくても、このクルーズの本だけは出そう」と、こころを決めました。

「クルーズに参加したいけど、どうしても日を空けられずに無念の不参加です」、「やはり経済的に無理です」というＥメールや、個人ブログへの書き込みを想像を超えて沢山いただきました。

そして、このクルーズのことをご存じなかったみなさん、あるいは硫黄島という東京都に属する島のことを考える機会のなかったみなさん、硫黄島ではぼくらの先輩が閉じ込められたままで、自衛隊や海上保安庁の航空機がその先輩がたの頭や胸や腰や足を、心ならずも踏みつけにして着陸するほかないという現実を知らされずにいたみなさんとも、できれば一緒にクルーズを体験していただきたいと、強く願い……いや願いではなく、祈りを捧げずにいられないのです。

6

さぁ、出航です。

東京港はとても広い港です。

その南端の有明地区にある「MP岸壁」から、穏やかな5月の空と風に招かれるように、そして見送りの人たちとのテープ・セレモニーで別れを惜しみながら、ゆっくりと、にっぽん丸の巨体が船出していきます。

第2部　蒼天のデッキ

1

船出のとき、にっぽん丸は乗客が満員御礼のにぎわいです。キャンセル待ちの方もたくさんいて、空きが出ずについに乗れなかったひとも少なくなかったそうです。

にっぽん丸の魅力、凄《すご》いですね。岸壁に集まったみなさんも、世代を超えてわくわくしていることが伝わります。

ザックをかついで岸壁から船への桟橋を渡ろうとすると、ぼくの本の読者という女性が走ってきて「友だちが青山さんの大ファンで乗船されるんで、紹介したいんです。来てください」とおっしゃいます。岸壁奥のベンチへ歩いて、そのご夫婦に挨拶《あいさつ》すると「誰?」。

読者の女性が「ほら、青山さん」と何度か言われると、あぁーと叫ばれて「あんまり若いんで、誰か分からなかった」。これは、テレビ番組でよほどボロボロに映っているのと、ぼくもきっと乗船でわくわくしているからです。

そして、一般の乗客より早めに乗船しました。講演にも備えて、船内を案内していただくためです。

ぼくはふだん、講演をする会場がどんなところなのか、ほとんど関心がありません。商売で講演をしているのではなく、ぼくの話をちいさな問題提起にしてもらうために話しています。みんなが自分の頭で考えていただく、そのきっかけにすぎません。いい話に見せるよう演出する必要がないので、会場にはこだわらないのです。

しかしクルーズのスタッフにとっては、ぼくに講演会場の確認をさせるのもたいせつな仕事だと理解できます。

そして、乗客がこれからどんな船中で過ごされるのか、ぼくもたいへん見たいです。さらに、ぼくは本職のひとつが物書きですから、乗船中も原稿を書きます。自室や図書室で原稿を書く環境はすこし見たいです。

さ、このちいさな書の読者のみなさんもぼくと一緒に、ひろぉい船内を回りましょう。

2

初代のにっぽん丸が造られたのは、西暦1958年のことです。

商船三井客船は、南米への日本人移民も乗せた有名な「あるぜんちな丸」を運航していましたが、移民の時代を終えて改装し「にっぽん丸」と命名したのです。1万トンをすこし超えるぐらいの船でした。

このにっぽん丸の3代目として新しく建造されたのが、ぼくとみなさんがクルーズする船です。

1990年の3月に三菱重工の神戸造船所で進水式となり、紀宮清子内親王（当時）が支綱《しこう》を銀の斧《おの》でカットなさって海に浮かびました。

総トン数は初代のおよそ倍になり、2010年に大改装されて現在の姿になってからはさらに大きく2万2472トンとなり、200を超える船室に524人を収容できる、まさしく世界一周のクルーズにもふさわしい船です。

軍艦みたいには速くないけれど、最高スピードが21ノットと時速でいえば40キロ近いのは、8階建ての巨体が海を進むにしては充分に速いです。

乗り込むと、まずそこは2階です。

落ち着いた高級ホテルのようなメインエントランスから入ると、メインダイニングルームの「瑞穂」があります。

この下の1階には診察所があって安心です。

3階に上がると、グランドバス（大浴場）があり、船が寄港する先で旅を演出してくれるツアーデスクがオープンしています。

4階には、海を望む遊歩道のデッキや、劇場みたいな「ドルフィン・ホール」がありま す。5階になると、海を突き進むような眺めの「ネプチューン・バー」や図書室にカジノラウンジ。さらに6階に上がると、ここに船の頭脳と目と耳であるブリッジ（船橋）、そして映画館にお寿司屋さんがあります。ここまでのすべての階にはそれぞれ客室があります。

そして7階には、最高の眺めのジムやプールにスポーツバー、最上階の8階は、ランニングのできるトラックが備わっています。

長い航海も飽きずに楽しめるように、海を行く小さな観光都市のようです。

3

さて、ぼくはどこで講演するのかな。

ここまで紹介したのは、船中のごく一部です。それ以外にもあちこちに、人が集まれる、ゆったりした場所がラウンジやバーを兼ねて幾つもありました。

案内してくれた大平智子さん、そもそも航海に加わるきっかけをつくってくれた智子さんが「ここです」とドアを開いてくれました。

ぼくはまず、その名前を嬉《うれ》しく思いました。

ドルフィン・ホール（⑭頁写真㉔参照）、いるかのホール。

にっぽん丸が向かう小笠原諸島には、イルカの群れやクジラの親子がきっと待っています。

ここは船内最大のホールです。1階席だけではなく2階席もあって、いつもの航海では乗客をいちばん集めそうなコンサートやショーを開く場所だそうです。

　果たしてどれくらい乗客のみなさんが集まってくれるか分からない初めての試み、エンタテインメントではないぼくの講演に、こんな広い場所を用意してくれたことに感謝しつつ、すこし心配になりました。

　ガラガラじゃないかな、と。

　すると大平智子さんは「乗客のお部屋にも同時中継しますから」と言ってくれました。

　もしもこのホールが空席ばかりでも、みなさんが聴いていないとは限りませんよということですね。ふはは。保険つきというか、あらかじめ慰められてるというか。


　船内見学の最後に、蒼天《そうてん》のひろがる8階のデッキに立ちました。

　このクルーズの乗客は、立ち入り禁止の硫黄島には上陸できませんから、こうやってデッキから、船中のさまざまな場所から島に取り残された英霊と魂の会話をすることになるでしょう。

　それを予感しながら、あらためて確信したことがあります。

それは「このにっぽん丸の姿を初めて眼にされる硫黄島の英霊のかたがたは、きっと祖国の平和と、目を見張るような繁栄を実感して安心される。……自分たちが二度と戻らない人生のすべてを投げ打って戦ったのは無駄ではなかった、報われたと思ってくださるだろう」ということです。

ぼくら敗戦後の日本に生まれ育った国民は、世代の違いは関係なく、同じ教育を受けています。

それは「かつての日本兵は戦争ばかり考えていた悪い人たちだった」と思い込ませる教育です。

たとえばぼくは日教組の先生に教わったことは一度もありません。それでも、受けた歴史教育は同じです。あるいは現代史については歴史教育の名に値しない、実証を伴わないものしか受けていません。

だからぼく自身も「戦前の日本は戦争のことばかり考える、軍国主義の国と社会だったんだ」と、しっかり刷り込まれ思い込まされていたのです。小学校から大学まで一貫して、そうでした。

それが根底から覆ったのは、仕事をするようになって、自分の足で世界を歩くようになってからです。むしろ日本の外で、日本への尊敬や正当な評価を学んだのです。日本のマスメディアは、中国や韓国の言うことを針小棒大に報じつづけますから、中韓の「反日」が世界の標準かと、これも日本国民は刷り込まれるのですが、実際に歩くと、中韓がまったくの例外、きわめて特異な姿勢です。

同じアジアでも、インドやベトナムは政府も軍部も国民も「日本軍は、独立を助けてくれた」と考えています。

硫黄島に取り残されたままの日本国民はみな、ふつうの庶民として平和な祖国を願い、庶民が船旅を楽しめるような社会と国にして、まだ見ぬわたしたちに手渡すためにこそ、意を決して戦ったのでした。軍国にするためではありません。

ですから、この祖国の名を冠した船が、こんなにも明るい、愉《たの》しい船として現れることをどんなにか歓迎してくださるでしょうか。

それを思い、その船に集うみなさんに、つたないなりにお話をする責任を痛切に感じて、港の風をデッキで受けていました。

第3部　飛行機では行けない島々へ

1

出航したにっぽん丸は、まず東京ゲートブリッジを目指します。

このまだ新しい巨大な橋は、ちょうど2頭の恐竜が東京湾の真ん中で鼻を突き合わせているような姿です。その鼻先の間をくぐり抜けて、いよいよ外洋へ出て行きます。

ぼくに割り振られた居室は左舷にあって、広くはないけれど個室ですから夜中でも原稿を書けます。社命で同行する青山千春博士は右舷側の部屋です。この同行費で、「独研」(株式会社独立総合研究所)の利益はほぼ無くなりました。

船はまっすぐ南下していきます。

それは、かつてぼくが6人乗りの小さな古いジェット取材機で硫黄島へ向かったときの航路なのです。空と海という違いはあっても、おなじ航路です。

硫黄島へは、まるで一本道のように真南です。

硫黄島は立ち入り禁止ですから、ふだん民間機は降りることができません。島へ入る異例の許可を得たのに、飛行機はなく、港もない。絶望しかかったときに、思いがけず天があるヒントで教えてくれたのが「テレビ局のカメラ・クルーを乗せる条件で、取材機を出してもらえ」でした。

夜を越えて南へひたすら向かう船は、ゆっくりとわずかに揺れて、足元の海の大きさと深さを感じさせます。

人生の不思議も沁《し》みてきます。まさかあの空の一本道を、今度は海から往《い》く。そんなことがあるとは思いませんでした。

12年のあいだ書き続けている小説新作の仕上げに夜を徹して打ち込みながら、船に慣れていないひとのために、これ以上は揺れないように祈りました。

2

夜が明けて、まず現れたのは伊豆諸島の火山島のひとつ、鳥島《とりしま》です（⑯ページ写真㉗参照）。

島そのものが全島、国の天然記念物というこの無人島は、幕末にジョン万次郎が漂着し、アメリカの捕鯨船に救い出されてアメリカに渡ることになった島ですね。

いまは、絶滅も心配される特別天然記念物の信天翁《アホウドリ》がかろうじて生きています。

しばらくは一羽も見えなかったけれど、にっぽん丸がいわば船の特権で、ゆっくりと周回してくれたおかげで、海面すれすれに飛んで魚を探している元気な三羽がデッキから見えました。

鳥島は、海底から隆起した活発な火山ですから、凄《すご》みのある荒々しい地層が剥《む》き出しで海岸から直に立ち上がっています。

硫黄が噴き出る硫黄島との深い繋《つな》がりを、ありありと感じます。

東京からもう、５００キロをはるかに超えて遠ざかりました。

鳥島から、さらに76キロを南下すると、今度は大海原に突如、海に縦に突っ込んだ宇宙船のような岩が現れます。

名高い、そうふいわ、孀婦岩（⑰ページ写真㉙参照）です。

伊豆諸島の最南端ですから、これが登場すると伊豆諸島にさよならです。

100メートル近い黒い巨岩が直立している姿の間近に、にっぽん丸は迫ります。岩に見えているけど、ほんとうは海底火山の外輪山で、つまりはこれも活火山です。18世紀にイギリス海軍の大尉が発見し、神に背いて塩の柱に変えられた女が旧約聖書に出てくることを念頭に「ロトの妻」と名付けました。「孀婦《そうふ》」という難しい名は、この女性のことだそうです。

実はこの鳥島から孀婦岩に続く海の道は、硫黄島の死地に向かう、たった70年ほど前のわたしたちの先輩が辿《たど》った海路のままなのです。

硫黄島で戦った日本国民もまた、真っ直ぐ南に向かう船で島へ運ばれました。沢山の船が航海を重ねましたから、きょうのような静かな海だけでは決してありませんでした。いったん烈《はげ》しく揺れれば船旅は一変します。しかも、ぎゅうぎゅうに詰め込まれた輸送船です。

ぼくは鳥島も孀婦岩も、それを包む海も、息を呑《の》むように見つめました。

ぼくらは先の戦争を、はるか昔のようにも思い込んでいますが、日本のオリジナル・カレンダーでは2700年に近づく歴史の日本では、つい先日のことです。ぼくで言えば両親の世代、ぼくが教鞭《きょうべん》を執っている近畿大学が毎春に迎える新入生でもまだ、祖父母の世代です。

ぼくと同じように鳥島や孀婦岩を見つめる働き盛りの庶民の、その息遣いが耳の間近に聞こえるようです。

そして東京港から出航して2日目のこの日、ぼくの最初の講演がおこなわれました。

第4部　一緒に考え始めましょう

硫黄島クルーズ連続講演　第1回
西暦2014年、平成26年、皇紀2674年5月26日月曜　10:45

余話のようでいて余話ではないこと

皇紀は、偏った立場の暦ではありません。日本の文化に基づくオリジナルのカレンダーです。

ぼくは初めて中東を歩き始めた頃、アラブ人から「われわれのイスラーム暦のように、日本にはきっとオリジナルな暦があるだろう。それは、どんなカレンダーだい？」と聞かれました。

「それは皇紀かな。しかし右翼の使う暦だと中高の先生が言っていたけど」……と思いつつ、「キリストが生まれる６６０年前に、初代の天皇陛下が即位なさったとされていて、そこから始まるカレンダーはあります」と答えました。

すると、アラブ人たちは自分のことのようにはしゃいで、「やっぱり日本は凄《すご》い。キリストが生まれる前のそんな時代から数えてるカレンダーがあるのか」と喜びました。

その満面の笑顔を見ていて、ぼくは「皇紀が右翼の使うものだと教えられることこそ、偏った立場なのだ」と知りました。

初代の神武天皇は神話のなかでのご存在ですが、神話だからむしろ尊いのです。民族の根本哲学を顕《あらわ》しているのが神話ですから。

統一国家への理念を、古きも古い時代から持っていたことを今こそ、客観的に評価したいですね。

さぁ、このあとは、ぼくがにっぽん丸のドルフィン・ホールで話したまま、ありのままにお伝えします。

1　明日の朝5時まで

みなさん、こんにちは。

ようこそいらっしゃいました。

この美しい海の、船のうえで、不肖わたしの話をお聞きになるためにお集まりいただき、みなさん、こころからありがとうございます。

さて、今日はひとつだけ課題があります。

といいますのは、わたしの下手な話というのは、一番短くて2時間半。それでも時間が足りませんから、わたしたち株式会社独立総合研究所（独研）が自主主催する独立講演会というのをいま、開いております。

これは時間無制限の講演会で、先日大阪でやったときには、連続6時間半になりました。

したがって、今日もみなさんの熱心なお顔を拝見しておりますと、やはり明日の朝5時まで続けてやろうと思います（満員の会場笑）。

したがって、昼ご飯も晩ご飯もカクテル・パーティも全部吹き飛ばして明日の朝5時まで、みなさんをここに閉じ込めようと思います（会場爆笑）。

けれども、今回は実際には3回の連続講演で、同じクルーズでみなさんと旅しながら、一緒に考えることができるということで、今日は正午ピッタリまで、みなさんが昼ご飯に遅れないように、12時ちょうどまでに終わりたいと思います。

したがって、今日は話の途中になりますけれど、できましたら、今日集《つど》うていただいたみなさんには、第2回、第3回もできましたらお集まりいただきたいですね。

最後は「これからどうなる。これから祖国日本の主人公であるわたしたちが何をすべきか」ということを、お話ししたいと思いますので、できれば第3回までいらしてください。

この船は主として小笠原クルーズです。

2　泳いで行っています

これは、この船に乗られたみなさんには言うまでもありませんが、わたしたちの東京都・小笠原諸島は世界自然遺産にも指定されました。

世界自然遺産に指定され、小笠原諸島のことがたくさん報道されるとき、国民のひとりとして誇りに、そして嬉《うれ》しく思いながらも、たいへんに胸を抉《えぐ》られること、悲しいことがありました。

それは例えば、世界遺産になった小笠原諸島のなかに硫黄島《いおうとう》という島があり、それがいまだにアメリカが間違って着けた名前の〝いおうじま〟という名前、「とう」でなくて「しま」と呼ばれてしまっていることです。

わたしたちが保護してきた小笠原の美しい自然、ともに生命を育んできたクジラやイルカはぼくらと同じ天の創造物であり友だちとしても日本の食文化としても、とても大切です。

しかしながら、それだけが語られて、その美しい自然も合わせた祖国を護《まも》るために、硫黄島で戦われた2万1千人のうち2万人が戦死なさったことが忘れられています。

先の大戦の末期ですから、もう職業軍人はほとんど生き残っておらず、ここに集うたわたしたちと同じ普通の働く日本人、いまからわずか69年前の先輩の方々が、あえて言えば、小笠原のクジラやイルカのことはみんな考えるのに——もう一度言います——その自然を合わせた祖国を護るために、硫黄島で戦われ、殺され、命を奪われた方々が忘れられて、硫黄島に取り残されたままです。

およそ2万人がそこで殺されましたが、いまだ1万数千人の方々が、この船も近くまで行く硫黄島に、たった今も取り残されたままです。

そのことを日本国民のほとんどがずっと忘れていました。ぼく自身も忘れ果てていました。

　そしてぼくは硫黄島を思い出したあとも普段の講演会ではアベノミクスがどうなるとか、あるいは福島原子力災害は本当はどんな災害か――ぼくは事故後１か月で作業員以外では初めて福島第一原発に入りましたから、そういうことも必ず話さないといけません。

　講演会ではそういうことを話す時間ばかりが過ぎてしまい、硫黄島のことはいつも講演会の最後に少しだけ話すだけになっていました。

　世界自然遺産に指定された小笠原諸島のそのなかに、普通の働く日本の先輩方が祖国のために戦われ、そのほとんどが亡くなった硫黄島もあることを、お話しはしても、全然時間が足りず、伝わるものも伝わらないということに、実は苦しみ、あるいは悲しくも思っていました。

　そうしたら、にっぽん丸を所有する商船三井客船からある日突然――わたしたちは営業活動というものをしませんから、何もお願いしていないのに――船上講演会の企画をいただきました。

この大きなにっぽん丸はふだん小笠原諸島を周っていますが、「今回はそのなかに硫黄島を入れます。そのクルーズで青山さん、硫黄島に関する連続講演会をやってくれませんか」というお話でした。

硫黄島は立ち入り禁止の島です。実は上陸できません。したがって、今回わたしも含めて、みなさんも上陸はできません。

クルーズのスタッフの方には、「すぐ近くの海岸まで近づいていきます。そのクルーズにできたら青山さんに乗っていただき、船に乗られた方々にその硫黄島で何が起き、いまも何が起きていて、これからどうすべきかという話をしてくれませんか」という、本当に志のある、魂のこもった申し出をいただきました。

商船三井客船のこういう航海中のショー、いわばエンタテインメントを運営している方々、いま現在この講演会の演出をやっていただいているスタッフの方々を含めて、お声をかけていただき、ぼくも独立総合研究所のみんなも大変に驚きました。

正直に申しますと、「こんな話が本当にあるのか」と思いました。

ところが普段ぼくは、例えばアメリカに出張するときは、最近は日帰りです。

嘘だとお思いでしょうが本当です。

アメリカに例えば2時間から4時間だけ滞在して、残りはすべて飛行機の中という生活をしています。したがって、日曜日から金曜日までずっと船の中にいなければいけない、そんなことは、できるはずはないと思ったら、この日程だけ奇跡のように空けることができたのです。

ぼくのいわゆるファンのなかには「本当のところ、青山はヘリで船に着いて、そのあとヘリでいろんな仕事に行っている」と思っている方も本当にいらっしゃいますが、実はそうではありません。泳いで行っているのです（会場爆笑）。

……というのは嘘で、みなさんと一緒にずっと金曜日までこの船で過ごすわけです。

3　めぐり合わせ

それにしても、このクルーズとのめぐり逢《あ》い、みなさんとの出逢いが、なんと不思議なタイミングかと思います。

硫黄島に閉じこめられたままの1万数千人の方々を、敗戦後の日本の歴代内閣のなかで初めて、いまの内閣、即《すなわ》ち第二次安倍政権が最後のひとりまで取り返すことを決定しました。

費用は400億円から500億円もかかります。そして時間はおそらく10年の単位でかかります。

硫黄島にはいま自衛隊の基地がありますが、自衛隊のなかにも実は反対はとても強く多くありました。全部ありのままに申します。自衛隊はモノを言える場所ですから、「そんな〝過去の人〟を取り戻すよりも、いまの船やいまの飛行機をくれ」という声もありました。

そのような自衛官たちの説得は、ぼくもささやかにやりました。なにより総理自らの強い決意があって、今ようやく本格的な調査が行われています。

わたしたちの自衛隊、いろんな意見はあるでしょうが、わたしたちの税金で日々訓練をし、日本を護っている自衛隊の硫黄島基地の滑走路の下にも、この瞬間も、たくさんのわたしたちの先輩の方々が、アメリカ軍に殺されたときの姿のまま、つまり一切、弔いもなく滑走路の下に閉じ込められているのです。

今日も自衛隊機は——いまの時間は一番往来が激しいのですが——硫黄島の基地にドーンと着陸します。

海上自衛隊や航空自衛隊、そして海上保安庁の飛行機も着陸します。そのたびに「ドーン！」「ドーン！」と顔を踏みつけられているのが、わたしたちのわずか69年前の先輩の方々なのです。

その人たちをわたしたちは敗戦後の70年近い教育でずっと悪者扱いしてきました。

今日、いろんな世代の方、思ったよりとても若い方もいらっしゃるし、ぼくよりも先輩の方もいらっしゃいます。

しかしそれに関係なく、敗戦後、今年で69年、その間ずっとわれわれは「日本兵は悪者だった」と学校で教わってきました。

ぼくは共同通信のＯＢですが、わが共同通信も含めてマスメディアもずっとそう刷り込んできました。だから、１万数千人を硫黄島に閉じ込めたままでも何も感じない。

あえて申しますと、このような素晴らしいクルーズですぐ横を通っても、硫黄島をクルーズに含まなければ、誰も「硫黄島の真実」を教わっていませんから、何も感じません。

これは日本国民が愚かなのではありません。教わっていないのですから、知らないことは考えようがありません。民度が高く、高等教育が隅々までゆきわたっているからこそ、学校でもメディアでも伝えられていないことを知るということが、ごく少ないのです。

長いあいだ日本国民の誰も気づかないでいたのに、この内閣がようやく動き始めました。

あとでお話しいたしますが、わたしのちいさな提言もかすかには聞いてくださいました。

そして滑走路の下にどれくらいのわたしたちの先輩がいらっしゃるかという調査も、億単位のお金をかけて行われている最中です。

そんなときにこのクルーズがあり、そして不肖わたしがたまたまみなさんと一緒に、先ほどのスタッフの志、魂のお陰でにっぽん丸に乗ることになり、このドルフィン・ホールでお会いしているというのは、まさしく万にひとつの天の恵み、天の差配だと感じます。

だから、やっぱりみなさん、明日の朝5時までこのままやりましょう（会場爆笑）。

……そういうわけにはいきませんが、このあと連続講演、まだ2回あります。

4　ほとんどが家庭人

さあ、そのうえで「硫黄島がどういう島か」ということから話をしていきたいのです。

みなさん、いま、このにっぽん丸は真南に向かってずっと進んでいますよね？

船の中に、あるいはお部屋の中に掲示があって、ずーっと進路が真南に向っているということがお分かりいただけると思います（⑬頁海路図参照）。

実はいまから70年以上前に、まったくこの同じ航路を船に乗せられて、2万人の庶民、しかも30代から40代の方々——全員男性です——が硫黄島に向かいました。

ということは、この方々は一度戦地に行かれたけれども奇跡的に生き延びて帰ってこられて、ほとんどの方が結婚され、お子たちももうけられて、家庭を築いて仕事してらっしゃった。

それなのにどんどん日本が敗戦に追い込まれていき、最後の最後、ついに祖国2千数百年の歴史のなかで初めて領土を奪われそうになりました……それが東京都小笠原村硫黄島でした。

一度、戦地から戻ってきた方々が船に乗って、まさしくこの同じ海の道、わたしたちが今いるこの道を辿《たど》って硫黄島に連れていかれ、そこで自らの意志をもって戦われ、そしていまだにこの道を辿って故郷に帰ることができないでいます。

それを思えば、わたしたちは70年ほど前の先輩と運命の出会いをしているとしか言いようがないと思います。

今日はそのうえで、硫黄島というのはどういう島であるかをお話ししたいのですが、お顔を拝見していますと、ぼくよりも詳しく知っておられる方もたくさんいらっしゃると思います。

それから、船に乗るときにご挨拶《あいさつ》いただいたなかには、元海上自衛隊の方もいらっしゃいました。ですから僭越《せんえつ》な説明になると思いますが、あくまでもぼくが実際に体験したことを踏まえてお話ししたいと思います。

まず硫黄島はどういう島かということですが（白板に本州略図を描く）、みなさん、これはアメーバです（会場笑）。

というのは嘘で、時間がないからこういう絵になりましたが、これ、本州です。すみません。

これ四国です。これ九州。沖縄本島があって、大事な尖閣諸島がここにあり、竹島がここにあり、ああ描けませんが（白板からはみ出すため）、北海道がここにあり、この先に北方領土があります。

北方領土は北方四島ではありません。千島列島全島がいまだに日本のもので、そしてロシア語ではサハリン――日本語では樺太、その南半分もいまだに日本のものです。

今年（２０１４年）11月にプーチン・ロシア大統領がおみえになる予定ですが、そのことも話題になるはずです。

ただ今日はこれを言い始めたら、硫黄島から北方領土に話が飛んでしまうので、元に

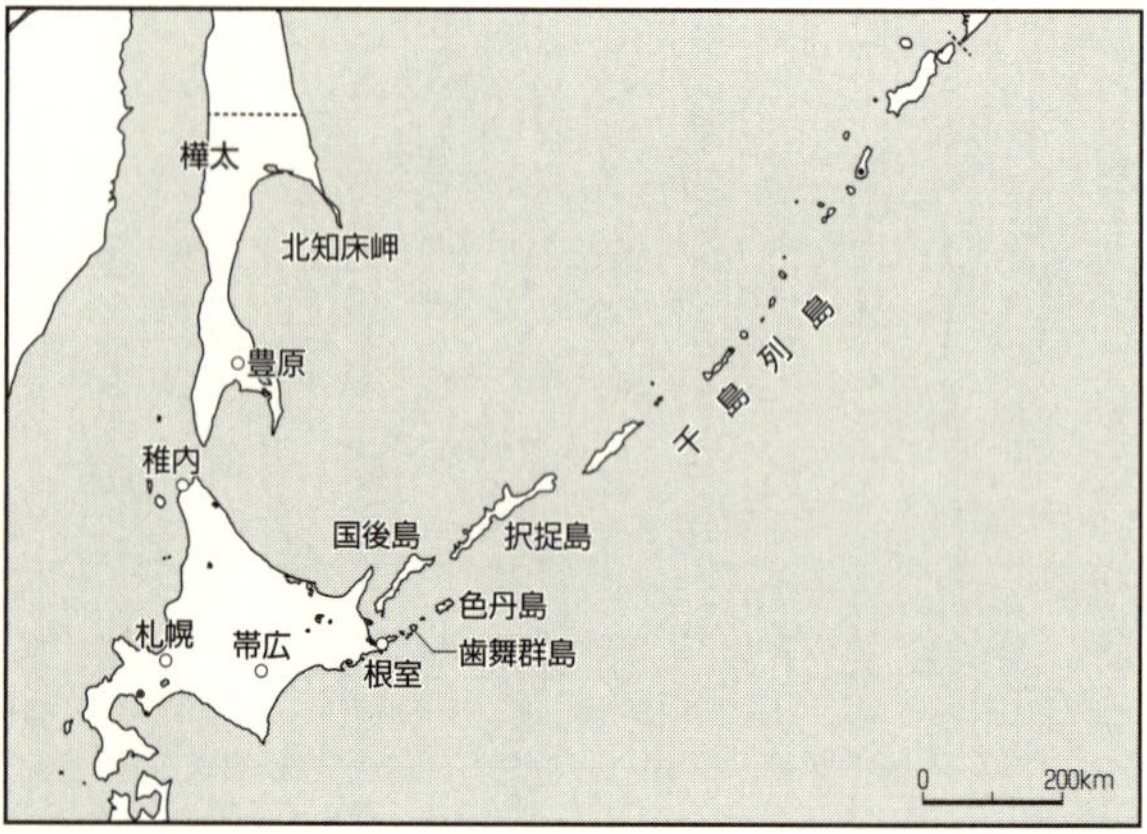

千島列島と樺太

戻します。

ここに描いたのはわたしたちの祖国ですが（③頁地図参照）、わたしたちが出発した東京・有明の港がこのあたりにあるとすると、ずーっとこの船と同じようにまっすぐ南にどんどんどんどん下っていって、どこに突き当たるかというと、サイパン島やグアム島――いまや有名な観光地になっています――のある、マリアナ諸島です。

かつてはこの島々も日本軍が押さえていましたけれども、それが第二次世界大戦の、日本から言えば大東亜戦争の末期になると、ここまでアメリカ軍が戻ってきました。

そうしてこの島々を出発した爆撃機が日本

を好き放題に絨毯《じゅうたん》爆撃しました。

このマリアナ諸島のなかにはテニアン島もあって、ここから広島・長崎に原爆を落としに行ったわけです。

こうやってアメリカ軍は日本本土の爆撃を本格的に始めました。

しかしマリアナ諸島から日本本土まで、往復で5千キロもあるのです。

5千キロという距離は、当時「超空の要塞」と称されたB29爆撃機でも、実は遠すぎて燃料を沢山《たくさん》積まねばなりません。ということは、積める爆弾の量が少なくなってしまいます。

さらに日本を爆撃して戻ってくるときに、やはり燃料が足りなくなって、海に不時着する爆撃機もたくさん出てきました。

そして何よりも戦闘機の護衛が付けられません。当時の戦闘機で5千キロも飛べるものはありません。だから爆撃機はいわば裸の状態で日本を爆撃しなければならないということで、アメリカ軍は中継地になる島を探しました。血眼で島を探した。

つまりこの真ん中あたり（マリアナ諸島と東京の真ん中）、途中に島がもしあったら、そこに寄ることができます。もちろん、帰りも立ち寄ることができます。こうして往《い》きも帰りも燃料補給が可能になれば、いろんなことが可能になります。もちろん、戦闘機も護衛できます。

アメリカ軍が血眼になって島を探したら、そこに運命の島がありました。

それこそ、わたしたちがこれから訪れる硫黄島です。

硫黄島は東京から1250キロくらいです。そして硫黄島からマリアナ諸島のたとえばサイパン島まで1160キロくらいです（③頁地図参照）。つまり硫黄島はちょうど真ん中に位置しています。いまは立ち入り禁止ですが実際に行きますと――ぼくが撮った写真（①頁写真②参照）を見ていただくとわかりますが――こういう形をしています（硫黄島の図を描く（⑤頁地図参照））。

これは、ちょっと歪《いびつ》な逆さ瓢箪《ひょうたん》のような形をしていますが、逆さ瓢箪の下、ここだけが山です（摺鉢山《すりばちやま》を指す）。これは摺鉢山といいまして、まさしく摺鉢状になっています。なぜ摺鉢状になっているかといいますと、火山だからです（②頁写真④参照）。

この火山が新たに世界文化遺産になった富士山につながっているわけです。この摺鉢山だけが火山で、ここ（摺鉢山以外のところを指す）、真っ平です。まるで天のいたずらのように、天然の滑走路にも見えます（①頁写真②参照）。

したがってこの硫黄島を押さえれば、アメリカ軍は先ほど言いましたとおり、サイパン島やグアム島、テニアン島を出ていって、硫黄島で燃料の補給をし、そして日本本土を絨毯爆撃して、女性と子供を中心に殺害できる。

普通の男性はみんな戦地に行っている時代ですから、本土に残っているのは主に女性と子供たちです。男性は基本的に高齢者しかいらっしゃらない。

市街地への絨毯爆撃は、戦略爆撃とも呼ばれますが、すべて戦争犯罪です。

アメリカは戦争に勝ったことによって問われていませんが、すべて戦争犯罪です。

第二次世界大戦でドイツ軍やイタリア軍より遥《はる》かに日本軍のほうが強かったから、日本を降伏させるには本土を爆撃して――今日いらしている方も女性が多いですが――女性と子供を主として殺害して、日本人には「このままでいけば民族が根絶やしになる」と考えさせ、それで戦争を終わらせようとしました。

そのため、彼らは爆撃をより効率的にするため、つまり、より多くの女性と子供を日本本土で殺害するために、硫黄島を取ることを決めたのです。

5　アメリカがむしろ日本を知っている

そして昭和20（1945）年2月から3月にかけて、海軍の艦艇に乗ったアメリカ海兵隊が硫黄島に上陸を図ります。

その前夜……ぼくらも明朝早く硫黄島の近くの海に着きますが、まさしく、ぼくらと同じように明日の朝、硫黄島に迫るというときに、海兵隊の指揮官が自分の部下に、船の中でこう言いました。

「Sacred Land」

「Sacred」というのは、英語で申し訳ありませんが、メモをとられている方もいらっしゃいますから、きちんと書きます（白板に記す）。

「Sacred」というのは「聖なる」という意味ですが、例えば「聖なる夜（クリスマス・イヴ）」というと「Holy Night」、ふつうは「Holy」という言葉を使います。「Holy」という言葉よりも「Sacred」というのはすごくニュアンスが強い。

「神に捧《ささ》げられし、神聖のうえにも神聖なる」という意味です。

だから海兵隊の指揮官のほうがむしろ日本のことをよく理解していたと言えます。

日本という国がどんな歴史を持っているか？　このアメリカ海兵隊の指揮官の意識で言いますと、「わがアメリカ合衆国の歴史の10倍の長さを持っている」。

今年（２０１４年）でいうと、アメリカは建国（独立宣言）から、たった２３８年です。一方、日本は皇紀というオリジナルカレンダーで数えれば建国から２６７４年です。神話の部分を除いても確実に2千年以上の歴史を積み重ねている。

だから10倍というのは正しい認識で、その10倍の長さの歴史を持っている日本なのに、過去一度も外国に領土を取られたことがない。日本国民は外国人に占領され支配されたことが一度もない。だから日本のすべての領土は「Sacred Land」、聖なる土地なんだと、アメリカ海兵隊の指揮官が、部下に説いているのです。

そこに初めて君たちが、つまり海兵隊の諸君が占領にいくのだから、たぶんほとんどの者は生きて帰れないだろうと、この指揮官は言葉を続けました。

「しかしそれでも、祖国であるアメリカ合衆国と国民のために、君たちは日本の『Sacred Land』に明朝、上陸を試みるんだ」ということを指揮官は語って聴かすのです。

このことは何を意味しているか？

わたしたちの敗戦後の教育よりは、敵であったアメリカのほうが、ずっと深い意味を理解していますよね。

いま現在、毎年3月に日米合同の慰霊祭が、硫黄島で開かれています。生き残りの兵士たちは、日本は本当にわずかです。アメリカ兵もずいぶん殺されました。でもお互いの生き残りの兵士たちが毎年3月に自然発生のように硫黄島に集うて、合同慰霊祭をやっているのです。

わたしたち日本国民はこのぼくも含めて、ぼくは安全保障の専門家の端くれですが、そのぼくも忘れていました。硫黄島のことを。

北朝鮮による日本人拉致事件やイラク戦争などで忙しくて、正直忘れていましたが、アメリカの人々は忘れたことがないのです。

なぜか。

アメリカの兵士と同じように、日本の普通の国民である兵士たちは、自分のためではなくて「Just only for the country and people」――ただ祖国のために、人のために戦ったのだということをアメリカはいまでも忘れないでいるからです。

硫黄島の毎年3月の合同慰霊祭は、むしろアメリカの側から呼びかけて、開いています。

あの第二次世界大戦で一番むごい肉弾戦が行われたのが硫黄島だったのに、敵味方の区別をなくして、日本人への尊敬を込めて、合同慰霊祭を今年（２０１４年）の３月にも開きました。ずーっと開いてきているのです。

ところが、そこにやってくるアメリカの将兵はすべて、生き残ったご本人はもちろんのこと、子、孫、ひ孫に至るまで全部アメリカ国民の支えで来ます。すなわち旅費はすべて税金で賄っています。

生き残った方ご自身、あるいは家族の費用をご自分で出させるということは1ドル1セントたりともありません。国のために戦った人たちですから。その家族ですから。

これはアメリカだけではなく、世界の常識です。国際法にも、その共通の精神が貫かれています。

ところがわたしたちの日本側から出席する生き残りの方々は――戦争が終わった直後に生き残っていたのは（統計によって諸説はありますが）1千33人、もう多くの方がご高齢もあって亡くなっていますが、その方々は全部、自費で行かれるのです。

国の支え、国民の支えは実はゼロです。

最近は自衛隊が飛行機は飛ばしてくれるようになりましたが、原則として何もかも自費で行っておられます。

そしてその自費で行ってらっしゃる生き残りの方々、あるいはそのご遺族の方々は、ひと言の文句も言われたことはありません。じっと耐えに耐えてこられたというのが、この69年です。

そこに、ぼく自身もみなさんと一緒に考えたい、最初のことが潜んでいます。

なぜアメリカが深く意味を理解していて、日本が忘れていたのか？

もう一度申しますが、ぼく自身も忘れていました。

ぼくのささやかな信念というのは、天はすべてを見てらっしゃるということです。この瞬間も。

したがって、嘘を言ったり、人におもねってお世辞を言ったりしても無駄です。天は必ずすべてをご覧になっていて、正しい裁きをなされます。

そして天はユーモアたっぷりですから、いろんないたずらもされる。いろんな思いがけないきっかけもくださいます。

6　暗いなか「おい、ちょっと待てよ」

ぼくが硫黄島のことを思い出すきっかけが生まれたのは、西暦2006年のことです。クリント・イーストウッドというアメリカ人の映画監督がいらっしゃいますね。これもすこし不思議なご縁だなと思うのは、今日はにっぽん丸の船内テレビでクリント・イーストウッドの俳優としての作品をずっと流していますよね。

それが偶然かどうか、ぼくにはわかりませんが、そのクリント・イーストウッドが監督をして、硫黄島の戦いを題材にした映画をつくりました。『父親たちの星条旗』という映画です。

公開前からずいぶんと話題になりましたが、ぼくは関心がなかった。

実はぼくはクリント・イーストウッドのファンなのに、その映画には興味がありませんでした。というのは、あの戦争に関して勝ったアメリカの側から一方的に描いた映画というのは、世界に溢《あふ》れかえっているわけです。どうせそういった映画のひとつだろうと思った。

そして、硫黄島を舞台にしていても、アメリカ人がつくるのなら、名前を勝手に間違ったままです。

海兵隊が硫黄島に攻め込むときに、アメリカ軍の日系アメリカ人の通訳が耳で一度も聞いたことがなくて海図だけ見て、硫黄島を「いおうじま」と読んでしまった可能性があります。「いおうじま」は確かに日本にありますが、鹿児島県にある別の島です。

アメリカはその名前を間違えたまま使い続け、なんと日本は戦争に負けたという理由で、間違えた名前をそのまま、国土地理院の発行した地図にも長いあいだ「いおうじま」と記していました。

話を戻しますと、例えばかつてジョン・ウェインというアメリカを代表する俳優がいて、その主演で『硫黄島《いおうじま》の砂』という、身勝手に勝者の視点だけで描いて、日本人が殺人鬼のようになって出てくる映画などがありました。

だからぼくは、クリント・イーストウッドといえどもそういう類の映画だろうと思って関心を持てなかった。それでも映画は見ました。さしたることは、なかった。

この作品、英語のタイトルは「Flags of Our Fathers」、そのまんま「父親たちの旗」という映画なのです。

このタイトルはどういう事実から来ているかというと、硫黄島には先ほど話した唯一の山、摺鉢山があります。

その摺鉢山に、アメリカ軍がたくさんの日本の働き盛りの男性を殺害しながら駆け上がっていって、山頂に達しました。

そのとき、日本軍が敷設していた水道管を旗竿《はたざお》がわりに星条旗を付けて、硫黄島は日本の、東京の一部なのに、そこに星条旗を立てました。その有名な写真がこれです（72頁写真参照）。この写真はピュリッツァー賞をとり、世界でもとても有名です。

(ROGER_VIOLLET　撮影日:1945-02-23)

この作品はその旗を立てた兵士たちのその後の運命を描いた映画です。英雄にされたけれども、本当はそれで苦しむという内容です。これを見て「ああそうですか、勝手に悩んでください」と正直、ぼくは思いました。

そうしたら……先ほども言いました通り、天はいろんないたずらをなさいます。

『父親たちの星条旗』を見て間もなく、たまたまアメリカに短い出張があったのです。当時はまだ日帰りではなくて、一泊くらいはしていましたが、アメリカのホワイトハウスの近くにぼくがずっと昔から使っているオンボロ・ホテルがあります。

アメリカは面白い国ですね。ホワイトハウスの至近距離にオンボロ・ホテルがあるのです。

そのホテルで夜10時過ぎくらいに、いつも通り部屋でパソコンに向かって原稿を書いていましたら、壁掛けの古いテレビにクリント・イーストウッドが生出演していました。

そのときのインタビュアーに「硫黄島を舞台にもう一本映画をつくったのだよ」と言ったのです。もちろん原文は英語です。

インタビュアーが「えっ！」と驚きました。生放送です。驚いたインタビュアーが

「同じ島を舞台に、同じ戦いを題材に、もう一本映画をつくったというのは、お金の無駄じゃないのか。なぜそんなことをしたんだい?」とクリント・イーストウッドに聞きました。

クリントがなんと答えたかというと、「あの硫黄島の戦いは、わがアメリカ軍の将兵だけが『heroes』、英雄なのじゃなくて、日本の将兵もまったく同じように『true heroes』、真の英雄だったから」と。

ぼくはそのあたりで、いったんパソコンを打つ手が止まりました。

いくらフェアなクリント・イーストウッドでも、アメリカ人からこんな話を——ぼくは長年アメリカ人と議論してきましたが——ほとんど聞いたことがなかった。

そうしたら、クリントはさらにこう言ったのです。「だから、二本目の映画は日本人の視点でつくったんだよ。そんなわけで帝国陸軍の指揮官だった栗林忠道陸軍中将に、ケン・ワタナベ（渡辺謙）という日本の俳優を起用したんだ。彼は背筋が伸びていて、誇り高い男だからね」

それを聞きながら、気が付いたらぼくはパソコンを放り出して、原稿を放り出して、そのテレビの下に行っていました。

ぼくはふだん独り言を言わないのですが、テレビに向って指差して、ひとりで、しかも日本語で「おい、ちょっと待てよ！」と言っていたのです。

ひとり暗い部屋の中で「ちょっと待てよ！」と。

どうしてそんなことをしたか。

先ほどもちらりと言いましたが、わたしたちがこれから訪れる硫黄島は、立ち入り禁止なのです。

日本国民、日本国の主人公であるわたしたちは上陸できません。立ち入りできません。このクルーズでも上陸はできません。周囲を回るだけです。入れるのは海上自衛官や海上保安官、あるいはアメリカ軍という限られた人々だけです。

7　子供たちが見誤る

クリント・イーストウッドがアメリカ人の視点で映画をつくるのだったら、どうぞご勝手に。

しかし日本人の視点から硫黄島の戦いを描いたというのなら、それは捨て置けません。硫黄島の戦いという、ぼくたち日本国民が現地に足を踏み入れて確かめられないことをテーマに、アメリカ人が日本人の視点になって映画をつくったのです。

その視点がほんとうは、戦争犯罪も裁かれることのない勝者の視点のままだったら、日本の子供たちにそれが伝わっていったとき、子供たちは祖国の歴史を現在も見誤ってしまいます。

日本は「敗者は敗者のままで居続けなければならない」と勘違いしてきたからこそ、北朝鮮ごとき小さなテロ国家に、13歳だった横田めぐみちゃん、23歳だった有本恵子ちゃんをはじめ国民を次から次へと拉致され、奪われながら、誰も取り返しに行かず、北朝鮮にとって日本は、その国民をどんどん奪っても決して誰も取り返しに来ない国だからこそ、北朝鮮は拉致事件を起こし、いわば安心して繰り返したのです。

この根っこも何も分からなくなる、ひとつのきっかけに硫黄島がむしろ、なってしまいかねない。

メガホンを取ったクリント・イーストウッドは、アメリカを代表する大人気の映画監督です。しかもハリウッドで良心派、汚い金を受け取らないことで知られている人です。だからぼくは好きなのですが、それだからこそ余計に捨て置けないと思ったのです。クリントのつくった作品は、おそらく時代を越えて生き残っていくでしょう。あぶくのように消える映画ならまだしも、伝えられていく作品になる。

ハリウッド映画で実際は、日本人がどう扱われてきたか、みなさんはお気づきですね。アメリカだけが世界の基準、ノーマルな姿で、日本人はまるで奇妙なエイリアンのような作り笑顔とおじぎで登場します。

日本の視点で、先の大戦を扱って映画をつくるということは、ハリウッドの常識を覆すフェアな、凄い試みです。

しかしそれなら、ぼくらは日本人の手と足で、硫黄島の戦いが何だったかを、確かめていなければならない。

調べると、クリント・イーストウッドの二本目の映画、『イオウジマ（硫黄島）からの手紙』（Letters from Iwo Jima）は2006年12月の公開予定でした。

その前後までに、できることはやろうと考えました。

8　ぬるぬるの鼻

翌日、日本に向かい、帰国直後にほかの仕事をいったんキャンセルして、当時の防衛庁に走るように急いで行きました。いまの防衛省です。

そして、ぼくと長く議論してきた、信頼できる局長さんに会いました。いまはもう定年退官されています。

この局長さんに会って、「わたしを、このぼくを、硫黄島に入れてください。立ち入り禁止の壁を越えて、いち民間人だけれども入れてください」と言いましたら、あっさりと「ああ、いいよ」と答えたのです。

たいへんに意外でした。

いくら長年の議論にもとづく信頼関係があるといっても、彼は東京大学法学部を出てキャリア官僚になっている人で、あくまで官僚です。官僚の枠から踏み越えることは頭の中ではあっても、行動では、ありません。

　ましてや、許す許さない、許認可というやつは大小を問わず官僚の権力の根幹ですから、ゆるがせにはしないのです。

　それがいきなり、立ち入り禁止を破ることを言ったから、ぼくはびっくりしたのです。

　びっくりしたぼくの顔を見て、その局長はまず「あぁ青山ちゃん、違う、違うよ。立ち入り禁止は立ち入り禁止なの」と言いました。そして言葉を改めて「いや、青山さんね、毎年1回、遺骨収集という名目でね、限られた場所だけれど、そこに遺骨収集団も行ってもらっているし、それからNHKのテレビもそこに行ってもらっているし、それから国会議員とか有識者で硫黄島に行きたい人がいたら、そこに行ってもらっているから、そこに行けますから、そのリストに名前を入れますからちょっと時期を待ってください」と続けました。さらに言葉に親しみを込めて「立ち入り禁止にしているからこそ有識者とか学者とか、それからジャーナリストとかで入りたいという人が実はずーっといるんだよ。だから硫黄島ツアーというのをつくってる。ほんとうは今年の締め切りは過ぎたけれども、なんとか、あなたをそのツアーのなかに入れるから」と言われました。

ぼくは頭のてっぺんから噴火したのです。

ほんとうは噴火したふりをしたといってもいい。実際は腹を立ててはいませんから。しかし、これは怒ってみせないといけないと思いました。

ぼくもまず、こう言いました。「硫黄島が立ち入り禁止なのは、政府が国民に見せられないことがあるからですね。防衛庁・自衛隊にとっても都合が悪いことがあって立ち入り禁止になっている。あなたが言っているのは、見せてもいい部分だけつくって、テレビの硫黄島特集といっても、そこの映像が中心で、それでは本当じゃない、ぼくを1日でいいから自由に歩かせてください、自由に歩いて国民のかたがたに硫黄島は本当はこうでしたと伝えたいんです」

そして、じっくりとこう話していきました。

「そんなツアー、話が逆さまだ。硫黄島には見られて困るところがある。防衛庁と政府にとって、残念ながら見られると困るところがあるから、まず立ち入り禁止にして、それから都合のいいところだけを限られた人に見せる、優越意識もくすぐるツアーをつくる」

……「一般国民には『入るな』としておいて、ジャーナリストや学者、有識者という〝うるさい人〟には、特権階級みたいにツアーを設けて、そして政府の金を使って満足させるのがツアーじゃないか。そんなツアーに入るくらいだったら、わたしは行かないほうがいい」

……「それに乗せられて、乗っかって、真実を見た気になって国民に嘘も発信する有識者、学者、ジャーナリスト、それに国会議員と、あなたがた高級官僚がそうやって結託しているから、いつまでも真実が伝わらない」

……「だから、1日でいいから一切の縛りを超えて、自由に島のなかを歩かせてください。遺骨がどこにいらっしゃるのか、どんな戦いの跡が残っているのか、立ち入り禁止にしてきたということは、恐らく当時のことがそのまま残っているのだろうから、自由な国民の立場で入れさせてください」

……「まさか自分のために行くんじゃない。やがて日本国民みんなが行ける島にすべきだ。観光地にするんじゃなくて、たとえば子供たちの修学旅行の場所、志ある大人の成人教育の場所にできるようにすべきです。そのための、ささやかな第一歩にしたいのです」

こういうお話をしました。

そうしたら彼のほうも大噴火しまして、「人がツアーに入れてやると言っているのに、なんたる言い草だよ！」と唾を飛ばして怒鳴りました。

このあと2か月半、苦しい交渉が続くのですが、途中で彼が折に触れ、くり返し言ったことが「青山さんわかっているよね？」――ほんとうは「青山ちゃん」と彼は言っていましたが――「残念ながら日本社会は嫉妬が非常に多い。あんただけ自由に入れたりしたら、ジャーナリストとか学者とか、裏で大暴れするぞ。『ひとりだけ抜け駆けして意気がりやがって』と。そういう嫉妬を受けるだけ受けて、硫黄島に行っても、なんにも得にならないよ」ということでした。

ぼくは完全に交渉が行き詰まったと思いました。

そしてどうしたかというと、ハリウッドにEメールを出したのです。アメリカは戦争ばかりしている困った国ですが、良い点がひとつあって、こちらがまっすぐ聞いたら、まっすぐ返します。だからぼくは、まるで見ず知らずの映画関係者にメールを出しました。

「硫黄島は立ち入り禁止の島です。あなた方の撮影クルーは、あの島に入ったのか入っていないのか、どちらでしょう。クリント・イーストウッド監督と、主演の渡辺謙さんは硫黄島に上陸したのかしなかったのか、映画に出てくる硫黄島はセットなのか本物なのか、どっちですか」ということを、ぼくの立場とかは全然書かずに、普通に送りました。

そうしたらすぐに返事が来まして、「あなたのおっしゃっている通り、立ち入り禁止だからこそ、我々は日本政府と交渉をしました。交渉をした結果、１日だけあの硫黄島で自由に撮影してよいという許可が出て、クリント・イーストウッドもケン・ワタナベも、みんな硫黄島に実際に行きました。映画に出てくる硫黄島のたとえば摺鉢山の姿は、本物です」という趣旨が書いてあったのです。

１日のロケで映画をつくることはできません。事実、大半の映像はアメリカのラスベガス近くの砂漠などで撮られていますが、硫黄島にも現実に行っているのです。

みなさんもこんなことが起きると同じことをなさると思うのですが、ぼくはもう手が震える気分で、そのＥメールをＡ４の紙１枚に印刷して、それを持って防衛庁に走っていったのです。

そして局長にそのEメールを見せて、「これは、どういうことですか？ なぜハリウッドの撮影隊が入れて、わたしたち普通の日本国民が入れないのですか？」と言ったら、その局長が「そこまで言うのだったら、じゃあ見せよう」と言われて、ご自分の局長室のキャビネットの鍵を開けて、そこから書類を出された。それは英文の紙です。そしてぼくにそのまま黙って渡されました。

それを見ると、撮影許可申請の英文の書類です。最後に誰のサインがあったかというと、コンドリーザ・ライス。もうお忘れになったかもしれませんが、いまでいうとジョン・ケリー国務長官、つまり合衆国外務大臣です。当時コンドリーザ・ライスという人が、初めて黒人女性として外務大臣をなさった。そのライスさんのサインがありました。

正直、驚きました。日本ではあり得ないことです。ぼくは外務省担当の記者だった時期もありますが、およそ考えられません。

そのぼくの様子を見て、局長は勝ち誇ったように言ったのです。「ほら見てみろ」と。

「合衆国国務長官閣下がわざわざサインしたこの申請書が届いたら、断るわけにはいかないだろう」という趣旨を言葉を換えながら何度も言われたので、ぼくは今度こそ大噴火したのです。

これは演技ではありません。ぼくは普段、本心からカーッとすることはまずないのですが、ほんとうに怒りが噴き上げました。

「あなたは何を言ってるんですか！　合衆国国務長官がナンボのもんですか。わたしたちの硫黄島は東京都小笠原村の島だ。合衆国国務長官がなんだろうと、硫黄島は全部、わたしたち国民のものだ。なのに、なぜアメリカ人が入れて、日本国民が入れないんだ！」

ぼくは思わず、局長に顔をぐっと近づけて、委細かまわず大声を出しました。

すると、その局長がどうしたかというと、何か叫びながら、こういう状態になったんです。（聴講者ひとりを捕まえて）こうやって、おでこと鼻がぶつかり合いました。ふたりとも眼鏡も掛けていないので直《じか》に、です。

局長の鼻の脂がぼくの鼻の頭につくのが分かりました。双方の唾も相手に付いて、ぬるぬるです。

その状態で「ああ、わかったよっ。勝手に行け、この野郎！」と言ったのです。

実は、今まで本にも書かず、講演でも言わなかったのですが、ほんとうは「この野郎」と発言したのです。高貴なる天皇陛下の臣民に対して（会場爆笑）。

「勝手に行け、この野郎！」と言って、「いまから全部、書類つくってやるよっ。公印をドーンと押してやるよ」

このやり取りを聞いていた同席の部下の顔が、みるみる青くなる感じがわかりました。しかし局長はすぐに書類作成を命じて、実際にタイプさせて、立派な公文書で「クソ青山」とは書いてなかったけれど（会場笑）、「青山繁晴氏は自由に日を選択し、1日だけ自由に日の出から日没まで、硫黄島を歩くことを許可する」という趣旨が書いてありました。

ぼくは、この局長のちょっと脂っぽい顔に手を合わせました。一瞬だけです。たぶん部下の人たちには見えなかったと思います。

おでこ突き合わせて、鼻を擦《こす》り合って、間近に見た眼の奥には「青山ちゃん、あんたの志、しかと分かったよ」という気持ちがありありと浮かんでいました。

部屋の中にいる部下の手前もあって、口では乱暴に「この野郎」などと言いながら、その眼は友情の眼でした。

ぼくはもう飛び上がる心境でしたが、その文書のなかにちゃんと書いてあったのは、「防衛庁・自衛隊は一切協力しない」という一節でした。

９　天のいたずら

「防衛庁・自衛隊は一切協力しない」となると、今日いらしているみなさん、何が起きるかすぐにおわかりになるひとも多いと思います。いま船で硫黄島に向かい、そして上陸できなくても、せめて近づこうとされているみなさんですから。

ぼくも、せっかく許可を取りながら硫黄島に行く手段がなかったのです。

立ち入り禁止の島ですから、まさかＪＡＬやＡＮＡが飛んでくれるわけではありません。いまはご遺族のために、チャーター機が飛ぶことがあるのですが、当時はそれもありませんでした。

自衛隊機でも民航機でも行けませんから、ぼくはすぐに海上保安庁に飛んでいきました。

講演の前に司会の方がぼくを丁寧に紹介してくださったとき、海上保安庁の政策アドバイザーをぼくが無償でやっているという話もありましたが、海保のこの公職はもともと無償です。いかなる政府にも自由に言うべきを言うために基本、無償で公職を引き受けます。例えば最近では総務省の消防審議会の委員を、報酬を返上することを条件に引き受けました。

さて、その海上保安庁に走っていきました。幹部に会うと、ふだん口数の少ないタイプの海上保安官が、そのときは自分から口を開いて「青山さん、硫黄島の件でしょ？はい、ダメなのです。ダメ〜」。なぜか嬉しそうです（会場笑）。

「もう防衛庁から非公式に連絡が来ましたよ。自衛隊が協力しないものを、わが海上保安庁が協力するわけにはいきません。硫黄島行きの航空機には乗せませんから」

きっぱりと断ってくれて、こっちも途方に暮れつつ、思わず笑ってしまいました。

「さぁ、どうしようか」と考えました。

船でも行けないのです。硫黄島に入港して乗客を降ろせる船はないのです。にっぽん丸の乗客だけが上陸できないわけじゃありません。

なぜか。そもそも港がないのです。

硫黄島は、突き出した岩（島西部の釜岩付近）に小さな岸壁は造ってあっても、港と呼べる港がない。

硫黄島の戦いが起きるまえ、島には千人を超える島民が住んでいらっしゃいました。

しかし小笠原諸島のなかでも、火山列島という一群に属する硫黄島は別世界の地獄のような島でもあります。

その名の通り、硫黄がいつも噴き出る火山の活動が激しいのですが、それだけではありません。

にっぽん丸が硫黄島に近づくと分かるかもしれませんが、凄《すさ》まじい強風が吹きつけることが多く、潮流は常に烈《はげ》しく、港の工事すらできないのです。

後ほどぼくの撮った写真を見ていただきますが、にっぽん丸が近づいたときに、実際の現場も見えると思います。アメリカ軍が港を造ろうとして失敗した現場です。

アメリカ軍は硫黄島を占領したあとに当然、港を造ろうとしましたが潮流に流されて、あるいは烈風や高波にも苦しめられて工事ができないので、仕方がないから、港を造ろうとした辺りで軍艦その他、大きな船を爆破して沈めて、それで波風や潮を抑えてから工事しようとしたけれども結局、失敗したのです。そのまま沈船《ちんせん》が無残に放置されています。

したがって、港らしい港はないから、船で行くことはできません。

そのとき何を考えたか？

こういうクルーズで、いや、こういう楽しいクルーズというのじゃなく、硫黄島の近くを通る船というのは貨物船も含めて無いわけじゃない。東京都と小笠原諸島のあいだには定期航路をはじめ頻繁な船の往来があります。実は特定の船と仮の話し合いもして、計画を立てました。

その計画では、硫黄島の近くで船から泳ぎ出して、そして行く以上は国民に報告するために映像を撮らないといけないので、カメラを自分の頭の上に括《くく》り付けて――本気ですよ――硫黄島に泳ぎ着く。そんな計画を立てました。

計画を立てた以上は、ちゃんと海上保安庁長官宛ての文書にして、知友の海上保安庁幹部に打診しました。勝手にやるわけにはいきませんから。

　そうすると、海上保安庁の当時の大幹部から「あなたは死にます」と言われました。「潮流の激しい、鮫《さめ》もいるあの硫黄島には、いくら青山さんがスポーツマンでも、ライセンスのあるベテラン・ダイバーでも、泳ぎつけない」。計画を実行するのなら阻止する考えも明示されました。

　海の護りに忙しい海上保安庁に迷惑をかけるわけにいきません。この計画は断念です。じゃあ、いったいどうしたらいいのか。

　考えたら、ワシントンDCから帰り、防衛庁に走ってから、もう2か月半が経《た》っているのです。

　そのときにたまたま水曜日になりまして――大阪に関西テレビという準キー局があって「スーパーニュース・アンカー」という、自前の報道番組をやっています（当時）。その生放送にぼくは毎週水曜日に参加します。生放送ですから、収録と違い、編集できないので発言ぶりを変えられずに済みます――その「アンカー水曜版」に出るために、東京から関テレの報道局に行っていたのですが、ちょっとポカーンとして座っていたのです。正直、頭の3分の1は放心状態。

いったい2か月半はなんだったのか。せっかくの許可を生かせない自分が情けない。

そう思っていたら、佐藤一弘さんという良心的な感じの報道記者……しかし、ぼくとあまり付き合いのなかった記者が寄ってきて「青山さん」――彼は間違って「いおうじま」と言いましたが――「ひょっとして硫黄島に行けますか」と訊《き》いたのです。

ぼくはびっくりしたのです。2か月半の防衛庁との攻防というのは、誰にも言ったことがない。防衛庁の人々の立場もありますから。たとえば青山千春博士も知らない。

なんで関テレの記者がこんなこと言うのかと思ったら、彼は……クリント・イーストウッドの映画で硫黄島が話題になっているから現地取材しようと思ったこと、防衛庁がえらい剣幕で断ってきたこと、そんな剣幕になるということは何かあると思いチャレンジしたけど全然埒《らち》があかないこと、青山が防衛庁の幹部研修の講師を長年やっていると思い出したこと……それらを誠実に話してくれました。

そうです。今年でついに20年になります。

記者時代からずっと防衛庁・防衛省の幹部研修の講師をやっています。「だから、何か伝手《つて》があるんじゃないかと思って……」と言う佐藤記者の穏やかな眼を見て、ぼくは「あぁ、天がまたいたずらをなさった。これは何を意味しているのか。つまり天はヒントをくださったのだ。手段が一個だけあるじゃないか」と思いました。

関西テレビは地方局としては大きな局ですけれど、ヘリコプターしか持っていません。でもそのうえのキー局、フジテレビは、ちょっとオンボロの飛行機だけど——ごめんね、フジテレビ（会場爆笑）——6人乗りのジェット取材機をもっているのです。ぼくは元共同通信ですから、そういうことは知っています。なぜかピンク色だけど6人乗りの古ぼけたジェット機を持っている。

ということは、関西テレビのカメラ・クルーと一緒に硫黄島に入る企画を立てて「これを番組でやるから」と言えば、上のフジテレビと交渉して、ジェット取材機が出るんじゃないか。

そのあとはなんとか着陸許可だけもらえばいいのだと思って、交渉を始めました。ところが正直言いますと、まず関西テレビの一部が横になった。

ある有能なディレクターが「そんな硫黄島どうこうという陰気な話には視聴者がつい

てこない」と言うから、ぼくは「違います」と答えました。

「そうじゃない。日本国民は、わたしたちは敗戦後ずっと思い込まされてきたことがあるんじゃないかと疑念を持ち始めています。『日本兵はみんな悪者だった』と教えられてきましたが、硫黄島で戦ったのは悪者ですか？　硫黄島で戦った兵士がどこかに侵略したのですか？　硫黄島は日本の島です。そこにやってきたアメリカ軍はどんな理由があっても侵略者です。だから、思い込んできたことは本当は違うんじゃないか。もはや右とか左の話じゃありません。そんな話は冷戦時代のことであって、１９８９年にベルリンの壁が壊れ、そのわずか2年後の91年にソ連が崩壊しています。もうとっくに冷戦は終わっているのです。『右だ』『左だ』とマスコミや学者、政治家が言っていても、普通の主権者・国民には右とか左じゃなくて『まっすぐものを考えたい』という気配が明らかにあります。だから戦争を美化したりする話ではなくて、例えば硫黄島のことも本当にまっすぐ考えたいという人は必ずいるはずです」と言いました。

ぼくの実感するのは、日本社会でいちばん凄いところは、どんなところにも――テレビは本当に困った嘘も流すけれども――良心派の人たちがいることです。このときも良心派の人たちが中から「これはやろう」「硫黄島に行こう」と声をあげてくれたのです。関西テレビでやっとＧＯサインが出たと思ったら、今度はフジテレビがなかなか賛成してくれなかったのですが、フジテレビもなんとか説得をして、ついに取材機を出してくれることになりました。

10　一瞬で入り、一瞬で抜けていった

そして今から7年半まえ、世界共通のカレンダーでは２００６年12月９日の夜明けに、羽田空港の端っこにある倉庫の蔭から、ひっそりと小型ジェット機で硫黄島に向けて飛び立ちました。「羽田空港にこんな寂しいところがあるとは知らなかったなぁ」と思いました。

12月９日、すなわち真珠湾攻撃のたまたま翌日です。そして偶然、クリント・イーストウッド監督の『硫黄島からの手紙』の日本での公開初日でした。

もう、ほんとうに神さまは、天は、いたずら好きだなと思います。

小型ジェット機がどういうルートを行ったかというと、みなさん、今のわたしたちの、にっぽん丸の頭の上です。まさしくこの頭上、まったく同じルートです。

にっぽん丸は真っ直ぐ南に向かって、いまも進んでいますが、空も同じ、この上を飛んで硫黄島に向かったのです。

離陸後、6千メートルまで上がっていきました。古ぼけて小型ですけれど、ジェットはジェットですから6千メートルの高みまで上がるのです。そこまで上がっていくとき、ぼくは機内の左の窓側に座っていました（①頁写真①参照）。そしてすぐ前に機長と副機長がいらっしゃって、後ろに関西テレビのカメラ・クルーふたりと佐藤記者が座っている。その6人で、狭い機内はいっぱいです。

そして上昇していく30分間、ぼくはずっと窓から島々を見ていたのです。そして6千メートルまで達したら水平飛行になりました。だからちょうどこの船と平行みたいなものです。

水平になったときに島の無い大海原になりました。さっきも船内放送で「須美寿島《スミス》という小さな島が見えるけれども、このあとしばらく島はない」とありましたね。

その通り、島がひとつも無くなって、ぼくは何も見るものがないから顔を前に戻したのです。一瞬だけ頭が空っぽになりました。

ふだん、正直わりあい忙しいですから、いろんなことが頭のなかで動きます。ただ、そのときだけはふっと空っぽになったのです。そのときにみなさん、これをできればオカルトと思っていただきたくないのですが、みなさんもそれからスタッフの方々もありのままに、ぼくは起きたことを話していますから、そのまま聞いていただきたいのですが、こうやって真っ直ぐ座っていますよね。

座っている両足の間から、何かが物凄い勢いでぼくの体内に向けてうわーっと入ってきて、この眼やこの鼻や耳からうわーっと抜けていったのです。

百とか千じゃない。きっと万を超えているものが、うわーっと抜けていって、その抜けていくとき、ぼくの頭のなかで「返せ、返せ、返せ！　戻せ、戻せ、戻せ！」という声が響き、何かと一緒にその声も消えたのです。

何が起きたのかわからずに呆然《ぼうぜん》としましたが、そのときに初めて、なぜ仕事を犠牲にしてまで2か月半ずっと防衛庁と嫌な嫌な交渉をしてきたかという理由が分かる気がしました。

ぼくが南の上空から見ていたその海を、たった60数年前に、わたしたちと同じ働く先輩が硫黄島に連れていかれて、そして1万数千人が放ったらかし、忘れ去られたままです。

アメリカ人が映画をつくっているのに、日本人は、このぼく自身も含めて忘れたままでした。

それを「取り返せ、俺たちを故郷に返せ」とおっしゃっているのではないでしょうか。

北海道から沖縄まで、普通に働いていた一般の庶民がきゅーっと集められ、船に乗って、この海の道を伝って硫黄島に行かれたのです。

11　こころが目覚める

そしてそのあと、飛行機は2時間飛びました。今日このにっぽん丸は一生懸命に航行しているけれど、硫黄島までは60時間ぐらいかかります。ジェット機でも2時間半かかるのです。

すこし霞《かす》んだ海の向こうに、ほかの島とは全く姿の違う島が見えてきました。まるでツチノコが頭をこちらに向けているようです。先端だけが山になっていて、その背後はほとんど真っ平らに広がっています。ダイバーでもありますから、ずいぶん色んな島を見てきましたが、こんな姿の島は見たことがありません。

それが硫黄島です。

まずパイロットにお願いをして、慰霊のために島を1周してもらいました——実は第1回講演は残りもう15分です。後ほどそのときの写真をお見せしようと思います——1周して、感謝と慰霊の気持ちを表してから、自衛隊の滑走路に、あらかじめ着陸許可を得ていた滑走路に降りていきました。

ほんとうは……出発の前夜まで自衛隊の一部から反対がありました。

その一人ひとりにぼくは電話をして、たとえば、まだ若手の士官にはこう言いました。

「自衛隊は自衛官のための自衛隊じゃないよね？　ふつうの日本国民のための自衛隊だ。それが自衛隊の誇りだ。そこが中国軍とは違うんだ。中国人民解放軍は名前こそ人民解放軍だけれど、共産党のための軍隊であって、国民と国家のための軍隊じゃない。わが自衛隊は自分たちの都合よりも、ふつうの日本国民のことを考えている。だから行かせてくれ」

ほんとうにギリギリに許可が最終確認されて、飛び立った硫黄島だったのです。

そしてジェット機のパイロットも、気持ちを込めて慰霊の1周をしてくれて、いよいよ滑走路に降りました。

ところが滑走路に降りたら、ぼくは、足が動かないのです。ちいさな飛行機ですから、2段くらいのステップしかないのです。だけど、それを踏むことも、飛び降りることもできないのです。

その動かない理由は自分でもわかりました。ぼくはいち民間人ですが安全保障に関わる仕事をしてきましたから、その滑走路、硫黄島の滑走路の正体を知っていました。

帝国海軍が硫黄島につくっていた滑走路の上で戦いがあり、その地下に掘った穴でも戦いがあり、そこで兵士ではあっても、もともと普通の日本国民がアメリカ人と殺し合い、殺されていきました。そしてアメリカ軍はそのおひとりも弔うことなく、そのご遺体の上に新たにコンクリートを流し込んで、滑走路を造ったのです。

それは戦争当時ですから、一刻も早く、巨大なB29という爆撃機の緊急着陸ができるような滑走路を造る必要がありました。

日本はそんな巨大爆撃機を持っていませんでしたから、滑走路が短かったのです。アメリカ軍はもっと長い滑走路をつくるために、わたしたちの先輩の顔の上、喉の上、胸の上、腰の上、手足の上にも全部コンクリートを詰め込み、固め、延べ2千300機近い「超空の要塞」B29爆撃機がそこに降りました。それを護衛する戦闘機P51などが離着陸を繰り返し、日本の本土の絨毯爆撃をそれまでよりはるかに効率的におこない、女性と子供たちを殺害していきました。

戦争が終わり、沖縄返還の4年前である西暦1968（昭和43）年になって、硫黄島を含む小笠原諸島はすべて日本に返りました。

日本に返ったときに、わたしたちの選んだ政府とわたしたちのつくりあげてきた自衛隊が、何をしたか？

滑走路の下にも英霊がいらっしゃることをわかっていながら、西の2割だけコンクリートを剥がしてご遺骨を集め、残りの8割はそのまま使い続けているのです。

　ぼくが硫黄島に入ってから、このことについてラジオ・テレビや講演で発信を始めると、当時の工事関係者から複数、連絡をいただきました。そのうちのおひとりは、こうおっしゃいました。

「これが便利だと思ったんです。日本兵はどうせ悪いことしたんだから、便利に使ったほうがいいと思った。でも（遺骨回収が）ゼロだと文句が出るかもしれないから（滑走路の）端っこの2割だけはコンクリートを剥がした。あとは補強工事をして、そのまま自衛隊が使えるようにした。まさかあなたが今頃になって言ってくるとは思わなかった。わたしはあのときの自分の気持ちがもうわからない。あのときはただ、そのまま便利に使ったほうが、日本にとっては都合がいいんだと、本当に思ったんですよ」

　ぼくは、この民間工事関係者の、こころの叫びを受け止めました。「あのときの自分の気持ち」、そうです、この方もぼくも、みなさんも同じ教育、同じメディア報道を受けて育ったのです。今やっと、ぼくらのこころが目覚め始めています。

12　機長からの手紙

だから、硫黄島の滑走路というのは、わたしたちの先輩をそのまま閉じ込めたままなのです。

このぼくの汚い足を小型ジェット機のステップから降ろせば、その方々の顔や胸や手足をドーンと踏み付けにする。

そして足の動かないぼくの前で、わが航空自衛隊の国産の優秀なC1輸送機がドーンと降りました。

そのたびに踏みつけに踏みつけにされ、今日も踏みつけられているのが硫黄島の先輩方です。いま、わたしたちが向かっている硫黄島は、その場所なのです。

講演会でこういう話をするようになってから、海上自衛隊のこれも世界最優秀レベルのP3C哨戒《しょうかい》機の機長をなさった自衛官から、分厚い封筒のお手紙をいただきました。

正直に申して、ぼくは開けるのがすこしだけ怖かったです。中傷誹謗《ひぼう》は、いつも山のように来ます。しかし尊敬する防人《さきもり》からもしも、それに似た手紙が来れば辛《つら》いなと思いました。

開封すると、それは危惧していた内容とまったく違っていました。機長はこうお書きになっていました。

「青山繁晴さん、私は哨戒機P3Cの機長でした。硫黄島に着陸するために操縦桿《そうじゅうかん》を倒すとき、いつも胸が痛みました。自分がこの機体を滑走路に降ろせば、英霊のかたがたを踏みつけに、のしかかることになるのに、これでいいのかと着陸のたびに苦しみました。自分は自衛官として命令を守らねばならない。しかし、誰か自由な立場の人が、硫黄島に入って、制限なく事実を見て、この現状を国民に知らせてくれないかと秘かに願っていました。硫黄島の真実は、本来は主権者が知らねばなりません。あなたが、ついにそれをなさったと知って、こころから喜んでいます。どうぞ、国民に知らせてください。私は部下にも、こうした自分の気持ちを話したことはありません。それなのに、お付きあいもない青山さんに手紙など出していいのかと迷いました。どうぞお許しください」

やはり自衛官の方も苦しんでおられたのです。

この手紙ににじむ、人間としての落ち着いた尊厳、静かな思索、そして自衛官としての誇りと苦悩をありありと感じ、お手紙はぼくの宝物のひとつです。

そして実は、同じく自衛隊のパイロットから、驚くほど内容の近いEメールもいただきました。「わたしは硫黄島に降りるために機体から足を出すときに、胸に刃《やいば》が刺さる気がしていました。わたしは日本の護りのために機体を降ろすのですが、硫黄島のかつての将兵と、国を護るということにおいて何の違いがあるでしょうか。わずか数十年前に日本を護ってくださった方々の頭の上にこの機体を降ろす。若い自分の部下たちは何も知らないで機に乗っていますが、わたしは上官としてこれでいいのかと思います。

一方でわたしは自衛官です。憲法にどう書かれていても、われわれ自衛官は軍人だと思って任務に就いているので、命令は絶対です。だから胸の中でいつも硫黄島に向かって敬礼をいたして、この機体を降ろしてきました」

……「いつか、国民のなかから誰かが『これは違う』、自衛隊に『ここを考え直せ』という声が出てくることを秘かに期待していました。青山さんの語ることを聴いて、それがようやく出てきたと喜びました。わたしは国民のひとりとしても、現職の自衛官としても嬉しく思います」

便りも、Eメールも、いずれも趣旨だけをご紹介しました。これら自衛官は明らかに士官です。現在は将官かもしれません。ひょっとして、お立場に影響があってはいけないからです。

13 生涯ただ一度の土下座

話を元に戻します。

足が動かなくて降りられないぼくの肩を、小型ジェット機のクルーが押して「青山さん、今日はどうしたのですか？　さっきはいきなり号泣されるし……」と言いました。

それでさっきぼくの体に何かが入って抜けていったときに、ぼくが大泣きしたということを初めて知ったのです。

あの時ぼくに入って、抜け出られたものが、果たして1万数千人の取り残された英霊なのか、科学的にはもちろん何もわかりません。

しかし、その声が今、みなさんにも聞こえませんか。「返せ、返せ、返せ！　戻せ、戻せ、戻せ！」

実はこれは硫黄島で任務を果たす自衛官にとっては隠れた常識なのです。

先ほどのＰ３Ｃ哨戒機にしても、硫黄島から神奈川県の厚木基地へ夜半に戻るとき、暗い機内で「おい良かったなぁ。友軍が飛行機で迎えに来てくれるとはなぁ」という声が毎回のように聞こえているそうです。

若い隊員は「これは一体なんだ」と怯《おび》え、次第に慣れっこになってしまうそうです。


ぼくが小型ジェット機から降りないと、機体の点検もできません。やむを得ず無理にでも足を動かして、滑走路に降り、そして土下座をいたしました。生まれて初めての土下座をして、コンクリートを撫《な》で回しました。

「この下に今日もいらっしゃるみなさま方、こころから申し訳ございません」

自然に、おのれのなかから、ちいさな声が出ていました。

「何ということか、皮肉なことにアメリカ人の映画監督が思い出させてくれるまで、ぼくたちは、みなさまのことを忘れていました。何ということでしょうか。ようやく、目が覚めて、やっとここに参りました」

そのあとは声には出ず、胸のうちで溢れるようにコンクリートの下の先輩方に話しかけていました。

みんなの良心に支えられて、ここにやってきました。

やってきた以上は、生命尽きるまで、わたしと同じ、先輩方と同じ、日本国民にこのお話をして、やがてこの滑走路を引き剥がし、そして島の草の下、岩陰に眠る方々もすべて故郷に取り返します。

故郷に取り返したら、戦争の思い出話をするのではありません、戦争を美化するのではありません。

いまの祖国はいじめられた子が自殺をする社会になっています。いじめられている子は、いじめられている自分といじめている数人のわずかな、わたくし（私）の世界しか見えないから、死を選ぶ子供も出てきます。

しかし故郷で、地域で、英霊のご遺骨に向かい合ったとき、「やがて大人になったらもっと広い、人のため、みんなのため、公のために生きる人生が待っている」と思うと、死を選ばない子供もきっと出てくる。

だから必ず、自衛隊とも協力して、この滑走路を引き剥がして、みなさまを取り返します。

そういうことを約束して「今から島の中を見せてください。どうかお許しください」とお願いをして、島の中に入ろうとしたら、後方に黒い軍用ジープがいたのです。

14　ただのひとりも「自分のため」でなく

それは、わが海上自衛隊のジープです。

ぼくは走っていって、「お疲れさま」と声を掛けました。

そこには硫黄島に赴任している若い海上自衛官ふたりと、この日のためにわざわざ防衛庁からやってきた本庁幹部の3人が乗っていました。

ところが、みな無言で目をそらしたのです。

立ち入り禁止の島でぼくが何を見るのかを調べるため、命じられて尾行しようとしているのが、それでよく分かりました。

命令を受けてやっていることだから、もう一度、「みなさん、お疲れさま」とだけ言って、自分のクルマに戻りました。

自分のクルマ、そんなものあるわけない。なんのクルマかというと、鹿島建設の水野《みずの》次男《つぐお》さんという現地の工事事務所長の運転する4輪駆動車です。

水野さんは、このあいだついに定年で島を出られましたが、30年ほどの長いあいだ硫黄島にいらっしゃった。

さっき言いました通り、港を造れないほど環境の厳しい、烈しい島ですから、自衛隊の施設が毎日のように壊れるのです。それで鹿島建設が常駐をして、修理をしている。

その責任者の水野さんがたまたまぼくのことをご存じというか、はっきり言うとファンでいらして、そしてクルマを用意して待っていただいていました。

その4駆に戻って、島の中に入っていきました。

さぁ、島の中に入って何が起きたか。それは講演の第2回以降にお話ししますが、残り6分ありますよね。残り6分で、ざぁーっとぼくの撮った写真をお見せしたいと思います。

みなさん、これは（①頁写真②参照）、東京から2時間半飛んで、硫黄島が最初に見えたときにぼくが撮った写真です。

これがさっきお話しした摺鉢山です。そしてその後ろに真っ平に島が広がっているでしょう？　東京都品川区くらいの大きさです。

最初にこのように硫黄島が近づいてきて、そして慰霊のために回り込んでいきました。そのとき撮った写真、これが摺鉢山です（②頁写真④参照）。

この摺鉢山を「もっと見たい」とパイロットに言って、ぐんと機を下げてもらって撮ったのがこの写真です（④頁写真⑤参照）。

この摺鉢山を見てください。おわかりになりますか？

元来は摺鉢状のきれいな火口のはずが、手前の半分が見事に吹き飛んでしまって、無いのです。艦砲射撃と爆撃で吹き飛んでしまっているのです。

こんなに激しい爆撃と艦砲射撃を受けた島なのに、地下壕《ちかごう》に入っていくと、完璧に残っている。壊れていないのですよ。われわれの先輩方はどんな苦労をされて掘ったでしょうか。

戦争の末期ですから、道具なんてほとんど何もないのです。2万人が生爪を剥がし、自分の指で掘って、1日に1メートルしか掘り進まない日もあったというのが、硫黄島の地下壕なんです。

そして小型ジェット機は回り込んで降りていって、みなさん、この飛行機がさっき言った航空自衛隊のC1輸送機です。

これはぼくが自分で撮った写真（④頁写真⑥参照）ですから、まさにここで土下座をしていました。土下座をして気が付いたら、目の前にC1輸送機がドーンと降りて、この写真に写っているように、いわば普通に人が下りてくるのです。

そしてまさにこの滑走路の下、何の変哲もないコンクリートに見えるこの下にも、わたしたちの英霊が今日も、みなさんが明日に硫黄島を訪れられたときも、閉じ込められたままです。

やがて水野さんの４駆に乗せてもらって、まずここに行きました（⑤頁写真⑦参照）。これは水野さんたちが一生懸命に自衛隊やご遺族の方々とも協力して立てた碑ですが、兵団司令部跡です。この草むらの中に実は入り口があります。

詳しい話は第２回以降にいたしますが、入り口は、例えばバンザイをするように手を上げて体を縦に伸ばして、どんと飛び降りないといけません。日本人より体の大きなアメリカ兵が入ってこられないようにしているのです。

そして、どどぉと降りたら、下は毛細血管のような細かいトンネルが幾重にも走っている。その壁は真っ黒です。アメリカ軍の火炎放射器で焼かれているからです。

そこを抜けていくと、突然背が立つようになっていて、ヘルメットを被《かぶ》ったぼくの頭が楽に通りましたから、多分１８５センチくらいの天井高があったと思います。

その先に行くと、兵団司令部に行きつきます。すなわち最高指揮官の栗林忠道・陸軍中将がいらっしゃった地下の司令部です。これが……まったく壊れていないのです。

みなさん、摺鉢山の火口半分を吹き飛ばした猛烈な爆撃に耐える地下壕を、ろくな道具もなしにあの暑い暑い硫黄島で、先輩方はどんな努力で掘ったと思われるでしょうか？

いちばん大切な、肝心なことは、その2万1千人のうち、自分の利益のために掘った人はただのひとりもいないということです。

そして自分の家族のためだけでもなくて、後世の、まだ見ぬわたしたち、ここにいらっしゃるみなさんとぼくらのために、掘ったのです。

その地下壕から外に出て、海を目指すとこういう海岸です（⑧頁写真⑫参照）。

この砂浜は黒く写っていますが、実際、真っ黒です。砂の一粒一粒が真っ黒なのです。

そこにアメリカ軍の海兵隊の兵士たち、「Sacred Land」へと上官に言われて上陸し、わが日本軍に殺されたアメリカの若者のはらわたや頭が一番転がっていたという砂浜は、いまも砂が真っ黒です。

そしてこの写真（⑨頁写真⑯参照）の海の中に妙なものが見えているのは、さっき言ったアメリカ軍が港を造ろうとして沈めた船です。

自衛隊では「沈船」と言っていますが、その残骸です。

そしてこれがあの摺鉢山に通じていく砂浜です（⑧頁写真⑬参照）。

ぼくは実はここを呆然として歩いていました。これ、不肖わたしですが、髪の毛を見ていただきたい。もう強い風で逆立ったままです。

そこに立っていたら、まずこの写真を誰が撮ってくれたかというと、それがこの人です（⑧頁写真⑭参照）。

左側が水野さん、先ほど申した鹿島建設の所長さんで、横須賀に家族がいらっしゃるのに、硫黄島にずっと留《とど》まっておられました。

そして定年になられたときに「青山さん、わたしは30年間、硫黄島でご英霊と暮らしてきました。そしてまだお帰りになっていない。それなのにわたしが横須賀の家族のところに帰る。こんな辛いことはありません」という便りをくださいました。

15　おい、止まってくれ

この水野さん、こう見たらただのおっちゃんに見えますが、その志の深さというのは、むしろ硫黄島に育てられたお方だと思いました。

そして、これ（⑩頁写真⑱参照）は一体何が写っているのかと思われるかもしれません。もう日没が近づいていました。

硫黄島にいられるのは日の出から日没までという約束です。日没までに硫黄島を離れなければいけない。

海上自衛隊の基地のすぐ近くまで水野さんの4駆で戻ってきたときに、突然頭の中で「おい、止まってくれ」という声が聞こえたのです。

オカルトではなく、事実をありのままに言っているだけです。

なんだろうと思って、4駆を降りたら、目の前にこれがあったのです。

これは日本軍のトーチカです。トーチカというのは防御陣地ですね。

これは元は爆撃機の丸い胴体に、コンクリートを日本兵がかぶせて造ったトーチカです。この中に入って、ぼくは二度と忘れられない体験をしました。そのことは、いま写真ではお見せできません。栗林忠道・陸軍中将のご遺族のことに関わるからです。

先ほどの「おい、止まってくれ」という声が誰の声かは分かりません。

しかし、ぼくは現在、不遜を恐れずに申せば、それは栗林閣下のお声だったのではないかと考えています。

なぜか。

ひとつだけ申しますと、この中に入って撮った写真に、女の子が写っていたのです。赤いジャンパースカートを着たおかっぱ頭の女の子が写っていた。それは栗林中将の末娘のたか子さん、「たこちゃん、たこちゃん」と栗林中将のお手紙にしばしば出てきます。その女の子が、このトーチカに入ったときに撮った写真に写っているのです。

このことは次回以降に詳しくお話しします。

そのあと、もう日没と同時に小型ジェット機に乗って、上に上がりましたら、ものすごい夕焼けで、血の滴るような夕焼けというのか、ただの夕焼けにはぼくは思えなかった（⑪頁写真⑳参照）。

そして東京に帰って、写真はデジタルカメラで撮っていますから、あのトーチカの中の写真をパソコンで拡大しました。そうしたら女の子が現れたのでした。栗林たか子さん、中将はそのたこちゃんのことだけ心配していました。

たこちゃんのお姉さんとお兄さんはお父さんがどこに行くか、もう帰ってこないとわかっていたけれど、一番ちっちゃかった、たか子ちゃん、たこちゃんだけ、意味がわからなくて、「お父さん、お父さん、どこに行くの、どこに行くの」と中将にまとわりついた。それを振り切って硫黄島に行かれた。

そして、たこちゃんを通じて、中将は日本全体を日本国民のこれからをお考えになっていたのではないでしょうか。それは具体的に第2回講演会以降でお話ししたいと思います。

では第1回講演会はこれで終わります。みなさん、ありがとうございました（大きな拍手）。

第5部　再会

一緒に聞いてください

にっぽん丸は、いよいよ小笠原諸島に入っていきます。

まずは父島に寄港しました（⑰頁写真㉚㉜参照）。

小笠原諸島で人が住んでいるのは、この父島と母島しかありません。

そして父島は、栗林中将が戦いの始まる前に硫黄島の島民を、軍属を除いて、避難、移住させた島でもあります。

アメリカ軍は硫黄島を占領する同日に、沖縄の慶良間諸島《けらましょとう》に準備的な侵攻を開始しました。4月1日からの本格的な沖縄戦に繋がっていきます。

その沖縄戦では、住民を「ヤンバル」（沖縄本島の北部）や鹿児島県に避難させずに戦いとなったために、大きな悲劇が生まれました。

しかし栗林中将は、まずその住民避難をなさいましたから、あのむごい硫黄島の戦いで犠牲になったのは、みな、将兵です。住民は、軍属を別にすればただのひとりも犠牲を出していません。

いま大人気の観光地になっている父島、母島は、それを証明する島でもあるのです。アメリカでは、これもよく記憶されています。敵国だったアメリカで栗林中将が今も忘れられず、きわめて高い評価を受けているのは、この事実もひとつの理由です。

ところが栗林中将の愛された日本では、父島、母島を訪れるひとのうち、いったい誰が、このことを思い出すでしょうか。

夢のように美しい父島を経て、にっぽん丸は東京港を出航してからおよそ60時間後の5月28日水曜の夜明けに、硫黄島の目前の海に達しました（⑳頁写真参照）。

ぼくは、あらかじめ船長をはじめ、にっぽん丸のクルーと合意していたとおりにブリッジ（艦橋）に上がり、午前8時になるのを待って、すべての乗客の方々に向けて、そして硫黄島の英霊にも届くように、マイクを握って船内放送をいたしました（㉕頁写真参照）。

この書の読者におかれても、どうぞそれを一緒に、お聞きください。

第6部　わがちいさき声よ、島に届け

硫黄島クルーズ・にっぽん丸船内放送
西暦2014年、平成26年、皇紀2674年5月28日水曜　8:00

1　わたしたちは31日分の子孫

みなさん、おはようございます。

いま菅啓二船長からご紹介をいただきました株式会社独立総合研究所社長の青山繁晴です。

このクルーズ船にみなさまと一緒に乗りまして、きのう第1回の硫黄島をめぐる講演をいたしました。

今日の夕方早い時間に第2回の講演をいたしますが、その前にこの凄絶《せいぜつ》な青空のもとの硫黄島を、わたしもいま操舵室《そうだしつ》から見ながら、みなさまと一緒にこの硫黄島について少し考えたいと思います。

いまにっぽん丸の右舷側に硫黄島の全容があります。

そのいちばん、いまの方向ですと南のほう、左手のほうに小高い山、200メートル弱ぐらい、190数メートルの標高の摺鉢山《すりばちやま》という山が見えています。

これはこの硫黄島のなかで唯一の山の部分であり、火山でありますが、みなさま向かって右側は緑に覆われていても、左側は緑が失われている、いや、山そのものが失われていることにお気づきだと思います。

わたしたちのにっぽん丸がいまいるこの海に、いまから69年前にアメリカ海軍と海兵隊の兵士たちを乗せた艦船が押し寄せました。

このまさしくわたしたちのいま浮かんでいる海から、硫黄島の日本人に、砲弾をまるで鉄の雨のように浴びせかけました。

戦争の末期でありましたから、日本人のうち職業軍人は千人ちょっとしかおらず、そのほかおよそ2万人は、わたしたちと同じサラリーマンであったり、あるいは役場の職員であったり、学校の先生であったり、30代から40代の働き盛りを中心とした日本の男性がこの島の護《まも》りについている——そこに海から砲弾と、そして空から爆弾が降り注ぎました。

そのために、みなさんご覧の摺鉢山の向かって左側、つまり海から見れば手前のところは火口が吹き飛び、山が吹き飛び、山の姿が失われて、69年経ったいまもなお甦《よみがえ》りようがないという、そういう山です。

今日はきわめて静かなお天気を、硫黄島の英霊の方々の願いなのか、天がくださいまして、69年後の祖国のわたしたちの目にありありと硫黄島のすべてが見渡せます。

いまみなさんがご覧になっている山から向かって右手に砂浜が続いています。

よくご覧いただくと、砂浜そのものは、実は白い砂がなくて、すべて黒い砂浜です。

わたしはいまから7年半前に、この一般国民立ち入り禁止の硫黄島に当時の防衛庁と自衛隊のみなさんの、いわば良心派の理解と支えによっていち民間人としては初めて入り、自由に戦いの跡すべてを拝見いたしました。

そして、この硫黄島の魂はいまもなお地下壕《ちかごう》です。

どうして魂が地下壕にあるのかということの詳細は今日の夕刻以降の講演（第2回講演会）でお話ししたいと思いますが、みなさんにいま見ていただいているこの黒い砂浜、ここにアメリカ海兵隊の将兵がまず上陸いたしました。1945（昭和20）年2月19日のことです。

この硫黄島は、総面積わずか21平方キロメートルの小さな島です。東京でいえば、品川区ぐらいです。

わたしはアメリカ軍の当時の作戦をワシントンDCで確認いたしました。そうすると「just five days」、つまりわずか5日間でこの島を占領し、この島の滑走路から1200キロぐらい北の東京をはじめ、日本の本土に猛烈な爆撃を強めていくという計画が、そこに英語で記されていたのです。

しかし、この島に掘った地下壕に立てこもったわたしたちの先輩方の奮闘のお陰で、その戦いは実際は36日間、続きました。

いわば31日分、爆撃機の出撃が遅れて、お陰でそのぶん、本土で女性と子供が生き残り、そこから生まれ育ったのが現在のわたしたちです。

したがって、いまわたしたちがいわば何気なく目にしているこの硫黄島は、祖国日本を本当の意味で護った、後世のわたしたちにつなげた島だということが言えると思います。

同時に、ドイツやイタリアと違っていつまでも降伏することをしない勇敢な日本でありますから、アメリカ軍の将兵もこの硫黄島を奪って、日本本土への爆撃を強くしないといけない。

彼らは戦いを終わらせるために、いまわたしたちがちょうど右手に目にしている黒い砂浜から日本軍の攻撃を受けながら上陸していったのです。

2　再掲されていた日章旗

そしてもう一度、左の摺鉢山を見ていただきますと、あの山頂のところにわずかに白く光るものが見えると思います。

そこには硫黄島の戦いの記念碑があります。その白く光って見える場所あたりに、昭和20年2月23日に、アメリカ軍の海兵隊の兵士たちが、日本軍が敷設していた水道管を使いまして、その先にアメリカの国旗である星条旗を結びつけて、打ち立てました。

その写真がアメリカをはじめ世界中に報道されて、ピュリッツァー賞を取りました。そしてそれはアメリカ国民の胸にいまも刻まれた写真、あるいは場所となっています。

実際は、その星条旗が立てられたあと、二度にわたって日本兵の生き残りがあの山をよじ登り、あるいは砲撃、あるいは爆撃の嵐のなかをあの山の岩陰に潜んで戦い続けました。

水もなく食べ物もなく、弾薬すらなく、立てこもっていた日本兵が、あの山の頂《いただき》、わたしたちがいま白い小さな輝きを見ているあそこに登って、二度にわたって再び日章旗、祖国の旗を立てました。

この事実は、まったく忘れ去られ、語られることがありません。

わたしたちの祖国は2千数百年にわたって一度も外国人による占領、侵略を受けたことがなく、この硫黄島が2千数百年を経て初めて外国人に占領される島となりました。

当時戦われた日本兵のみなさまは、実は日本らしく高度な教育も受けている人がほとんどでしたから、そのことをご存じで、自分たちの護る島が初めて奪われる領土にならないことを願って、二度にわたって日章旗を掲げました。

その掲げた方々はいわば名もなき兵士でいらっしゃいましたが、その方々を含めて2万人を超える方々がここで玉砕をなさいました。

3　アメリカ軍の初めての戸惑い

当時この島を護っていた日本兵はおよそ2万1千人です。

それに対して、このわたしたちのにっぽん丸と同じように、この海に浮かんだアメリカ軍の艦船から硫黄島に上陸していったアメリカ海軍や海兵隊の将兵の数は、実に11万人でありました。

5倍、6倍もの敵を迎えたわたしたちの先輩方は、地下壕に36日間もこもって戦いました。そして日本軍は2万人強が亡くなりましたが、アメリカ軍も傷ついた方々、怪我《けが》をなさった方を含めると、実に2万8千人の戦死、戦傷者を出したのです。

第二次世界大戦、日本の言い方でいえば大東亜戦争において、日本軍よりもアメリカ軍の戦死、戦傷者の数が多くなった戦いはほとんどありません。

それが、この硫黄島の戦いでありました。

そして、ますますこの黒い砂浜の海岸がわたしたちの目の前に迫ってきましたけれども、この砂浜を駆け上がっていった海兵隊の兵士たちは、日本軍の攻撃が意外に少ないのに、実は大変驚き、戸惑いました。いまわたしたちが目の前にしているこの砂浜です。

それまでの戦いにおいて、こういう島ですと必ず日本軍は水際で迎え撃って、海岸を死守しようとしました。

そしてそれができないと自決をして、いわば玉砕を遂げていったのですが、この硫黄島においては、あるいはほとんど硫黄島だけが、海岸から海兵隊が上がっていっても、日本軍の反撃はあまりなかった。

戸惑いながら島の奥に入っていくと、その奥に奥に、いわば招き寄せたうえで、日本海軍と日本陸軍の将兵たちの凄《すさ》まじい反撃が始まった。

その優れた、日本軍の常識を超えた作戦によって先ほど申しましたとおり、この硫黄島は36日間も持ち堪《こた》えることができたのです。

昭和19年、つまりこの硫黄島の戦いの前の年に東京のご自宅からここに赴任されたのが帝国陸軍の栗林忠道中将閣下でした。その直系のお孫さんがいまの総務大臣の新藤義孝さんでいらっしゃいます。

この栗林中将はこの島に赴任したときに、それまでの日本軍の戦い方を徹底的に自己批判しました。

敵を水際で迎え撃って玉砕すると、あっという間に戦いは終わる。いわばすぐ死ぬことができて、自分たちの苦しみは短くなる。

苦しみは短くなっても、実はそのあと、この平らな島を占領したアメリカ軍がここから本土へ爆撃機を飛ばして、本土の女性や子供を根絶やしにして祖国を潰《つぶ》してしまおうとするであろう。

だから自分たちがどんな苦しみを背負おうとも、まず掘る道具もなかったけれども、手の爪を剥がしながらでも、この島で地下壕を掘ろうとおっしゃった。

その地下壕に立てこもって、奥深くに敵をおびき寄せて、迎え撃てば、この少ない兵士の数、足りない弾薬、飛行機もほとんど使えない、そういう状況であっても、戦いを引き延ばすことはできるという作戦を提案なさいました。

栗林さんは陸軍の将軍でいらっしゃいましたが、それに対してとくに海軍から激しい反対がありました。あるいは兵士のなかには叛乱《はんらん》の動きもあった。

それを栗林中将は陸軍中将という御身でいながら、自ら二等兵のところにまで回って話をされ、説得されました。

「お前たちが考えているとおり、俺たちはここで死ぬ。二度と故郷に帰ることはできない。自分たちが帰ることができなくても、やがて本土で生き残った女性と子供が次の日本を、新しい日本を築いてくれる」と。

「だから水際で迎え撃ってさっさと戦死してしまったり、あるいはすぐにあきらめて自決をしてしまったりということをしないで、穴を掘って立てこもろう」と提案されて、地下壕を掘ることにみんなの同意を得て、地下壕を掘り始めていったのです。


みなさん無事にお耳に届いてますでしょうか。

このマイクはもともと長いお話をするためのマイクではありません。お聴きにくい部分もあったかもしれません。お聴きにくいところは、また夕方の講演でお話をしたいと思います。

みなさん、朝早くから延々と聴かされるばかりでは、たぶんお疲れだと思いますから、一旦ここで間をとって、また島を巡りながら新しい島の様子を見ながら、みなさんに次のお話をいたしたいと思います。

できますれば、ここまでのわたしの拙《つたな》いお話を踏まえていただき、この摺鉢山をご覧ください。

まさしく艦砲射撃と爆撃によって火口が半分失われた、その箇所、向かって左側が目の前にもう迫ってきました（㉔頁写真㊹参照）。

そしてこの海岸から上がっていったアメリカ軍将兵たちの気持ちにもなり、あるいは奥で迎え撃ったわたしたちの先輩方の気持ちにもなり、この島を少し眺めたいと思います。

また数分後にお耳にかかりたいと思います。

みなさん、まずはありがとうございました。

4　山の頂はいまだに占領下

みなさん、またお耳にかかります。青山繁晴です。

先ほどマイクから指が離れたときが1分ぐらいあったそうです。その間、聴き取りづらかった部分は、また夕方の講演会でもお話ししたいと思います。

さて、先ほどからお話ししているように、山の半分が吹き飛ばされた状態の摺鉢山がいまちょうど目の前です。

この島は慰霊や限定的な遺骨収集のための限られたツアー、あるいは海上自衛官や航空自衛官、海上保安官にアメリカの将兵以外では、わたしたち一般の日本国民は立ち入り禁止です。

したがって、今回のクルーズは小笠原世界自然遺産を巡っているのですが、小笠原国立公園からこの硫黄島は除かれているというのが実状です。

硫黄島にはいま自衛隊の基地だけがあるのですが、いずれその自衛隊の基地の滑走路の下に閉じ込められた英霊の方々も取り返しつつ、この島を教育の場にするのはどうかということを、現在の安倍総理にも、わたしのほうからささやかな提案をいたしております。

観光の島には決して、してはならないと思います。

沖縄の戦跡の多くは観光地にもなっていますが、あるいはグアムもサイパンもご存じのとおりですけれども、この硫黄島はいままで立ち入り禁止であったことをむしろ生かして、観光の島にはしないでおく。

そして修学旅行生を迎える、あるいは志を持った青年や成人の教育も行う場にすべきではないかと思っています。

いまはまだ立ち入り禁止の島でありますから、わたしが入ったときの様子も交えながら硫黄島についてお話しします。

この摺鉢山の頂に登るために下から上がっていくとき、海上自衛官、あるいは航空自衛官が慰霊のために、この山の頂に上がってくれることも多いですから、登山道があります。

その道の左右に、わたしたちの先輩が食糧も水も、そして弾薬もほとんどないままアメリカ軍を迎え撃つために潜んでいた岩陰、あるいは小さな洞穴というものが沢山この山全体に残っています。

これほどまでに近くで見ても、それはよくわかりませんが、実際は沢山それがあります。

そして山の頂に上がりますと、そこにあるのは、いまだにアメリカ軍側による記念碑が主という印象が残ります。英語で書かれた記念碑が多くて、日本語の記念碑よりも目立つという様子です（⑥頁写真⑧、⑦頁写真⑩参照）。

5　しゃれこうべの手土産

昭和20年３月にこの硫黄島で日本軍の組織的な抵抗が終わり、指揮官の栗林忠道中将も戦死され、そのあとこの硫黄島はアメリカ軍の、あるいはアメリカのものとなりました。

そして第二次世界大戦、日本側でいえば大東亜戦争が終わってから23年後の昭和43年に、硫黄島は日本にようやく返還されました。

しかし敗戦国であるという意識が強いせいだとぼくは思いますが、この摺鉢山の山上の記念碑を大きく変えることはなかった。

祖国日本に、東京都の一部としてこの硫黄島が戻ったにも拘《かか》わらず、いまだにこの山の頂はまるでアメリカにいるようです。

アメリカ軍の手柄を褒《ほ》め讃《たた》える記念碑はたくさんある。その一方で栗林中将以下、日本の2万人の兵士の方々を本当に讃え、あるいは感謝し、ご冥福《めいふく》を祈るという言葉は、やや少ないように、わたしは感じました。

そして、いままで、どこでも一度も言わなかったことを申しますと、そのときに同行していた方からお聞きしたのは次のようなショッキングな事実でした。

……この青山さんが見ている英語で書かれた記念碑のところに、日本軍兵士――本当はわたしたちと同じ普通のサラリーマン、あるいは役場の職人や学校の先生であった方々――の頭蓋骨《ずがいこつ》を、アメリカ兵がいまわたしたちの見ている海の水で洗って、つまり皮を剥《は》ぎ、肉をそぎ落とし、目玉を落とし、そしてこの海の水で洗って髑髏《しゃれこうべ》にして、この記念碑の上に並べていたこともありますということでした。

さらにその髑髏を、手土産としてアメリカに持ち帰り、いまだにアメリカ国内の自分の家に持ち帰ったまま返さない元海兵隊の人もいるということを聞きまして、わたしは大変ショックを受けました。

そして、日米はいまは同盟国ですから、お互いによく話をして、そういうアメリカにさらわれていったわたしたちの先輩のご遺骨を取り返す交渉を、一日も早くすべきであると思いました。

この摺鉢山の攻防が硫黄島の戦いの初期にいちばん激しかったのは、山に登ると島全体を見渡すことができて、そういう意味で戦術・戦略上の要衝であったからです。

そしていま申しました英語の記念碑がいまだに多い頂から下を見ますと、実は激戦の跡だけではなくて、いまは毎年3月に日米の元兵士が集うて行う、合同慰霊祭の会場もあります。

日本側の生き残りは、ごくわずかになりました。もともと硫黄島の戦いで生き延びた人がほとんどいない、本当に少なかったですから。

でもこの日本の生き残りも含めて、アメリカの生き残りの方々が子、孫、ひ孫まで連れて、この硫黄島に毎年3月に来られて、そして仲良く握手をし、ハグをし、お互いを讃え合っています。

例えば髑髏をアメリカ本土に持ち帰ってしまっているというのは、いわば本当は日本兵への敬意もそこには含まれているのかとわたしは思いました。

実はいままでアメリカ軍の側にも、本土でいろいろ話を、わたしは記者出身でもありますから、聞いてきましたが、本土にいる人たちも合同慰霊祭につながる気持ちとあまり変わらないという証言も得ました。

すなわち、第二次世界大戦というのは数千万人の人間を殺害してしまった本当に恐ろしい戦争でありましたけれども、そのなかでも、もっともむごい肉弾戦を展開したのが、今この平和な緑に覆われた硫黄島であります。

それだけにアメリカ軍からもこの日本の将兵に対する尊敬は大変に深い。

6　むしろアメリカから聞かれる

したがってこの合同慰霊祭は自然発生で、どちらかの政府の提唱によるものではないそうです。

アメリカの将兵であっても大半の人は戦争が終わったら、普通のアメリカ市民に戻ったわけです。そして実はその人たち自らの提案によって、合同慰霊祭が行われるようになっているのです。

しかし、現代の日本に生きる——若い方も高齢の方も男性も女性も区別なく、あるいは意見の違いや考え方の違いは一切関係なく——われらが共に考えなければならないことがそこにあるのではないかと、ぼくは考えます。

と言いますのは、3月のいわば奇跡のような友情の合同慰霊祭に、アメリカ軍の生き残りの方々はご本人だけではなく、子、孫、ひ孫に至るまで、毎年いらっしゃり、その費用はすべてアメリカ国民の支え、すなわち税金によってまかなっているのです。

ところが、わたしたち日本の側の生き残りの方々は、家族も含めてほとんど手弁当でお出《い》でになっています。

自衛隊機は飛ばしてくれますが、基本的な費用はご自分たちでまかなって来られているのです。

アメリカ本土でわたしはいろんな方の証言を聞きましたが、そのときアメリカからいちばん多く尋ねられたのは、このことです。

「戦争の勝ち負けはあっても、お互いに祖国を護るためだと信じて戦ったのは事実だ。それなのにどうして日本側の人々はいつまでもそういう扱いを受けているのだ？」と。

だからこそいまこの島に残されたままの英霊を取り戻さなければなりません。みなさん、ここでなんと2万人もの日本の方が殺されましたが、そのうちの1万1千人以上が、わたしたちがこのいま何気なく見えるこの島の全域に取り残されたままなのです。

いま向かって右奥に自衛隊の基地の施設が見えていますが（㉓頁写真㊷参照）、その向こうに滑走路が延びています。

ここにわが自衛隊の海上自衛隊機、あるいは航空自衛隊機、あるいは日本の海上保安庁の飛行機、そしてアメリカ海軍の飛行機が飛来し、着陸します。

本日ももちろん着陸していますが、それらの飛行機が着陸するたびに「ドーン！」と滑走路の下にいるわたしたちの先輩が、頭も胸も腰も足もすべて踏みつけにされています。それが69年も続いているのです。

わたしたちはいままでの意見の違いを乗り越えて、今日もその一日であるということをともに考えていくときが来ているのではないでしょうか？

7　何というタイミング

幸い現在の内閣は歴代の内閣として初めて、その滑走路の引き剥がしも含めて英霊の方々を最後のひとりまで、それぞれの故郷に帰っていただくという計画を実行し始めました。

この島の向かって左奥、この摺鉢山の北側へずっと行きますと、まだ手付かずの土地があります。

まずそこに、今みなさまの右手に見えている自衛隊基地を移設して、新しい滑走路も引きます。もちろんその前に、その手付かずの土地にも、わたしたちの先輩が取り残されていますから、その方々をすべて取り戻したうえでの話です。

そして現在の滑走路をすべて引き剥がして、ご遺骨を全部取り返すという計画が進んでいます。

そんなときに、このにっぽん丸の小笠原クルーズの目的地に硫黄島が加えられ、そして不肖、わたしのような、しゃべるのが本職でもなんでもない人間をわざわざ呼んでいただき、みなさんとお耳を通じて一緒に考えることができました。

その機会をつくってくださったスタッフ、クルーのみなさまに感謝し、そしてまるで英霊の願いを聞いてくださったかのように、今日のこの思いがけない晴天をくださった天にも感謝しつつ、また少し間をおきたいと思います。

今日は9時すぎまでは少なくともお話をしようと思っていますので、またしばらくしたらお耳にかかります。

みなさん、ありがとうございました。

8　富士山と繋がって

みなさん、いま右舷《うげん》側にちょうど摺鉢山のいちばん噴き飛ばされた火口が見えています。

何気なく見ますと、この山のかたちがもともとこうであったように見えるかもしれませんが、本当は違います。

昭和20年２月16日、アメリカ軍の激しい砲撃が始まる前までは、この火口はつながっていて、きれいな円を描いていたのです。

今は、ちょうどわたしたちの右手方向に、いわば三角形のように吹き飛んでいますね。その奥の火口の縁を見ていただければわかりますが、あの縁が本来の火口なんです。

したがって、手前のところにもぐるりとあの高さで火口がありました。

この硫黄島の島々は、北硫黄島と南硫黄島と、この真ん中の硫黄島を合わせて「火山列島（硫黄列島）」とも呼ぶことがありますが、この三つの硫黄島を合わせると、実は富士山よりも大きな海底火山になります。

そしてこの硫黄島の火口は、まさしくわたしたちのシンボル、富士山の火口にも繋《つな》がっている同じ火山系なのです。

このにっぽん丸の右舷方向に当時のアメリカ海軍の戦艦などが集結しており、いまちょうどわたしたちが真向かいに見ているところに向かって、ドンドンと砲撃していったわけです。

これは火口の半分を吹き飛ばすという威力を見せつけて、日本軍の降伏を待とうとした作戦でもあったと、アメリカ本土の記録には残されています。

そして、みなさん少し目を左に送っていただきますと、擂鉢山から向かって左のほう、この右舷の斜め前方、海岸より少し海側に奇妙なものが突き出ているのがおわかりになると思います（㉔頁写真㊺参照）。

これは遠目にはひょっとしたら岩に見えるかもしれませんが、実は岩ではなくて船の残骸《ざんがい》です。

これは、例えばアメリカ軍の攻めてきた船が日本軍の反撃によって壊されたものではありません。そういうものはここにひとつもありません。そもそも、アメリカ軍が上陸してきたのは先ほど申しましたとおり、この擂鉢山の向こう側である東海岸、いままでわたしたちが見ていたあたりです。

いま新たに見えてきたあたりは、西海岸で、主な上陸地点ではありません。

では何の跡かと申しますと、実は硫黄島は港を造ることができません。ひとつは潮風がきわめて強く――今日は例外的に穏やかな気象ですが――潮流も速い。だから工事は困難を極めます。港を造ろうとしてもせっかく組み上げた骨組がすぐに流されてしまう。困り果てたアメリカ軍は自ら船を爆破して、みなさんがいま見ておられる残骸になっている沈船《ちんせん》をここにばらまいて、潮流を緩和しようとしました。一種の防波堤ですね。でも役に立たなかった。

アメリカ軍は当時の最新の工法と技術者を投入してさんざん努力しましたが、遂に港を造ることができませんでした。

あそこになんとか港を造ろうとしたというのが、いまわたしたちが、向かって右側に見ているところの跡なのです。

さらにこの島は火山が隆起してできた島ですから、島全体から硫黄が噴き出る島です。今日の夜明けごろにこの硫黄島をご覧になった方は、硫黄が噴き出てそれが水と反応して激しい水蒸気を上げているところもいちだんと、鮮やかに目にされたと思います（㉒頁写真㊶参照）。

ほうぼうから硫黄の噴き出る硫黄島は激しい隆起活動にあり、現在でも、毎年およそ

20センチから26センチも隆起しています。

激しい隆起を続けている厳しい環境の島であることも、港を造ることができない大きな理由です。あるのは小さな岸壁だけです。

9　硫黄島のかけがえのない値打ち

この硫黄島を占領したアメリカ軍はこの場所の値打ちをよく知っていました。

沖縄本島にも、そしてわたしたちの本土にも、そして南のグアム島やサイパン島にもほとんど等距離の1200～1300キロに位置しているのです。

そしていままでずっとご覧になっていただいたように、ただ摺鉢山のところだけが盛り上がっていて、あとはほとんど真っ平らです。

まるで天が与えたもうた自然の滑走路のようなところですから、航空戦力の時代になることを踏まえていたアメリカは、硫黄島を徹底的に生かそうとしました。

今度は向かってもう少し右に目を戻していただきますと、たくさんのアンテナ群が見えると思いますが、これは基本的にいま海上自衛隊、あるいは一部航空自衛隊の施設です。

そしていま申しましたとおり、第二次世界大戦当初よりも航空機の時代になっている現在のほうが、さらに硫黄島の値打ちは高まっているわけです。

しかしながらみなさん、現実をありのままに申しますと、ここにいる海上自衛隊機で常駐しているのは、救難ヘリが２機だけです。

戦闘部隊は配置されていません。戦闘機はやってきますが、それは遠く、例えば本土の小松基地からＦ15がここでドーンと着陸して、そのまま飛び上がっていくような「タッチ＆ゴー」と言われる訓練を行うために飛来することはあります。

ですが、ここに常駐しているのは救難ヘリ２機だけなのです。

そして、この硫黄島からどんどん南に下がっていきますと、沖ノ鳥島という日本の最南端の島に辿《たど》り着きます。その沖ノ鳥島は低い島で、そこに中国の空母が乗り上げて破壊して、「ここはもう日本の領土とはいえないから、この南の海は中国のものだ」という戦略を立てていることを、実際に中国に行って、中国人民解放軍の将軍たちと激しい議論をしているときに、わたしは確信しました。

そのことを考えますと、あるいは硫黄島を護ろうとして自らの青春も命も犠牲にされたわたしたちの先輩のことを考えれば、いま南シナ海で起きているような紛争、あるいは戦争そのものを起こさせないためには、この硫黄島に戦争を抑止するための、予《あらかじ》め戦争が起きないようにするための戦闘部隊を配置すべきだと、ぼくはかねてから専門家の端くれとして提案して参りました。

10　海軍共通の白服

いまから7年半前に当時の防衛庁の特別許可によってこの硫黄島に入りました。島では複数の幹部自衛官にお会いしましたが、今日はこれまで語らずにきた人とのことを初めてお話ししたいと思います。

民間人として初めて終日自由にこの島を回ろうとする際、硫黄島の海上自衛隊部隊の、時の司令に会いに行きました。

そうすると司令は真っ白な海軍服を着ておられて、そしてその白い海軍服を着た立派な司令がこうおっしゃいました。

「青山さん、安心してください。この硫黄島で戦った方のご遺骨はちゃんと本土に帰っていただいております」

　ぼくは司令に申しました。

「司令、わたしは元記者でもあり、調べをしないでここに来たと思いますか？　いま、あなたは立場上おっしゃったのでしょうが、あなたと同じ自衛隊の士官から、真実についての証言もきちんとうかがっています。記録も確かめました。この海上自衛隊のいま使っている滑走路は、硫黄島の戦いの真っ最中にそこで亡くなっていたわたしたちの先輩、当時の言葉でいえば、日本兵の亡骸《なきがら》を弔うことなく、アメリカ軍がコンクリートを流し込んで補強して、本土爆撃に使った滑走路そのものですね」

　……「昭和43年、すなわち戦争が終わって23年後に硫黄島が日本に戻り、東京の一部になったとき、なんとその滑走路の西の２割だけを引き剥がして、そこにいらした方々だけ、あるいは島のほかのところから少しづつ集めた一部のご遺骨だけは、故郷に帰っていただいたけれども、滑走路の残り8割はそのまま使ったほうが便利だという理由で、そのまま使い続けていますね」

……「司令、あなたの立たれているその足の下にも、わたしたちの先輩がいらっしゃる。この不肖、わたしの汚い足の下にも、わたしたちの先輩がいらっしゃるというのが本当の事実じゃないですか」

その司令は深く頭を垂れ、「そのとおりです」と静かにおっしゃいました。

この司令は、ただちにそういうことをお認めになるという、人柄のすばらしい方だと、いまもぼくは思っています。そして、その司令にぼくはこう申しました。

「司令、あなたはもう半年ぐらいで東京に帰られます。港が造られないような厳しい環境の硫黄島だから、ここに赴任する海上自衛官は士官であっても、士官でなく曹士であっても、みんな基本的に1年で本土に帰ることができます」

……「司令、ですからあなたも半年後には東京にお帰りになる。しかしあなたの足の下、このぼくの汚い足の下にいらっしゃる先輩方は、60年以上もここに閉じ込められたままです。いつまでそんなことを続けるんですか」

……「自衛隊と国民が事実をすべて共有して、秘密なくお互いの意見を述べて、それでなおここにわたしたちの先輩を閉じ込めたままでいいと考える日本国民がいるとお考えですか？　自衛隊はわたしたち国民のものです。国民と一緒に事実を明らかにして、考えて、この司令部の下にもいらっしゃる、わたしたちの先輩を取り返しませんか」と申しましたら、その司令は深く頷《うなず》かれました。

さらにわたしはその司令に「半年後に東京の防衛庁本庁にお戻りになったならば、青山といういち民間人が来て、こういう話もしたということをどうぞご報告いただきたい」と申しました。

実はこの司令もここに赴任してきて以来、ずっと朝も昼も夜も帝国陸海軍の方々とお暮らしになっていたのです。

これはオカルトの話を言っているのではなくて、硫黄島にいる自衛官の多くの人も同じことを言っています。

そして、硫黄島の海上自衛隊の施設というのは毎日のように壊れます。先ほど申しましたが、厳しい環境ですから。

したがって鹿島建設を中心とした工事関係者が、平均でいうと6人ぐらい、ここに常駐なさっています。そのなかのかつての所長だった水野次男《みずのつぐお》さんという方が、ぼくの視聴者、読者でいらして、水野さんという利害関係のないいち市民の方も、こうおっしゃっておりました。

「わたしは昼間ずっと帝国陸海軍の方々と一緒にお昼ご飯を食べています。何気なく隣でお昼ご飯を食べていらっしゃいます。『おい、祖国はどんないい国になったんだい』ということをお聞きになりたいんだなと感じながら、もう幽霊とも思わずに、30年近く帝国陸海軍の方々と一緒にお昼ご飯を食べ、場合によっては朝ご飯も食べてきました」

いまわたしたちが見ている島から遠い本土、あるいは北海道、沖縄を望む、まだ1万1千人以上の取り残されている方々の望郷の想い、そしてわたしたち子孫に寄せる想いが、どんなに深いかということをお考えいただけますでしょうか。

間もなく9時の汽笛の時間になります。その汽笛に合わせまして、わたしはこの操舵室の右舷からお花をお水とともに硫黄島の方々に捧《ささ》げます（㉖頁写真㊾、㉗頁写真㊿参照）。

みなさんも、もしもお気持ちが通ずるのであれば、手を合わせていただきたいと思います。

みなさん、ありがとうございました。

11　石ころの法要

帝国陸軍の栗林忠道中将も、その配下の取り残された1万1千余りのわたしたちの先輩の方々も、すべてこの汽笛を聞かれ、そして不肖、わたしの投げました花をご覧になり、そしてこのお水のない硫黄の噴き出る島で、みなさんとわたしが捧げましたわずかな水をいま飲み干されていることだと思います。

栗林中将は長野市松代《まつしろ》のお方です。

その松代にいまも続く栗林家から、かつてこの不肖わたしに「六十三年回忌というのをやりますから、講演に来てくれませんか」というお話がありました。

わたしは驚きました。

「普通は五十回忌までがすべてであって、そのあと六十何回忌というのは聞いたことがありません」と申しましたら、「青山さん、栗林忠道中将はずっと悪者だと言われてきました。2万人の日本人を死に追いやった悪者だと言われて、2万人とともに祖国を護ったことは何ひとつ言われず、そのために七回忌も何も一切できないで過ごしてまいりました。

ところが最近青山繁晴という方があちこちで栗林の話をなさり、お仕事でもないのに講演されていることが伝わり、若い人から高齢の方までたくさんの方がこの松代の明徳寺という菩提寺《ぼだいじ》にお出かけになるようになったので、初めてお弔いをやろうということになりました。仏教の教えでは、仰《おっしゃ》ったように、五十回忌までですから六十三『年』回忌として、住職と相談をしてやることにいたしました。できたらお出でくださいませんか」という話があり、わたしはそこに伺いました。

しかしこの硫黄島を目の前にしてみなさんと一緒に改めて思うのは、その明徳寺のお墓（⑫頁写真㉑参照）に栗林中将のご遺骨はないことです。

中将は、この島の1万1千の取り残された方々がすべてお帰りになって、初めて自ら故郷に帰られるのであり、栗林中将はいまここにいらっしゃいます。

そのお寺のお墓に置かれていたものは、この硫黄島の石ころです。

その石ころを誰が持ってきてくれたかというと、なんとアメリカ海兵隊の、当時は敵だったみなさんが、戦争が終わっているのに悪者扱いされてご遺骨が帰れないでいる「ジェネラル・クリバヤシ」――アメリカの首都ワシントンDCではジェネラル・クリバヤシというのは英雄中の英雄です。だからクリント・イーストウッド監督が渡辺謙さんを起用して映画にしたのです――栗林将軍と部下たちの遺族のために持ってきてくれたのです。

このわたしを含めたわれわれ日本人が栗林さんやその部下でいらした2万1千人の方々のことを忘れていたのに、敵であるアメリカは覚えていて、そしてみなさんがご覧になった摺鉢山、あるいはその下で拾った石ころを松代まで持ってきてくれたのです。

そしてわたしも参加した六十三年回忌においては、その石ころが飾られていました。

その石ころに感謝しつつ、本来のご遺骨を栗林中将の菩提寺に取り返し、それから北海道から沖縄まで、意見の違いを乗り越えてこの硫黄島に集うて、後世のわたしたちのためだけに戦ってくださった方々のご遺骨を、石に換えて古里に取り戻すのは、これからのわたしたちの仕事です。

このにっぽん丸の美しさ、そしてクルーの努力、それを英霊の方々もご覧になっています。

日本人はやっぱりすばらしい国を営み続けているということを、このにっぽん丸の姿でお見せしつつ、この島に学ぶべきことを、わたしたちはできれば一緒に学びたいと思います。

今日夕方4時ぐらいから第2回講演をいたし、そして明日の午前10時過ぎから第3回講演をいたします。

そのときにみなさんの目を見ながら、改めてこのお話をしたいと思います。

この艦内放送、朝早くでお聴き苦しいところがたくさんあったと思います。途中一度音声も途切れました。その失礼をお詫《わ》びしながら講演会でまたお目にかかります。

みなさん、ありがとうございました。

第7部　ニッポンの変化

硫黄島クルーズ連続講演　第2回
西暦2014年、平成26年、皇紀2674年5月28日水曜　16:00

1　いつかみんなの島に

みなさん、こんにちは。

えー、今朝は声だけでお目にかかりました。

きっとみなさんの多くは、硫黄島の本当の姿を初めてご覧になったのだろうと思います。

今日は朝の時間帯に大きな声を張り上げまして、みなさん少し目覚めがよくなかったのではないかと思い、それを実は心配していました。

第1回の講演会は、思いがけず満員でしたが、この第2回講演会は朝の放送が災いして、会場にいらっしゃるのは、すぎやまこういち先生（註＊作曲家、指揮者。ザ・タイガースやザ・ピーナッツのヒット曲を手掛けた。ゲーム『ドラゴンクエスト』の挿入曲で有名。愛国者としても知られる）ご夫妻だけかなと思って会場に入ったのですが、2階席にまで沢山来ていただいて満員です。みなさん、ありがとうございます。

硫黄島をご覧になって、改めてなぜこの島にわたしたちは入れないのだろうと、思われた方も多かったのではないでしょうか？

　島にちらりと白い建物群やアンテナが見えました（㉓頁写真㊷参照）。あれはすべて自衛隊の施設です。中心は海上自衛隊です。そして、表向きは「自衛隊の基地があるから、硫黄島は立ち入り禁止」ということになっているのです。

　これは実は筋が通りません。といいますのは、あの島は21平方キロしかありませんけれど、それでも東京の品川区とほぼ同じくらいの広さを持っています。

　基地そのものには、わたしたちは許可を得ないと入ることはできませんが、基地の周りの土地というのは話が別です。

　みなさんご存じの通り、この船は東京を発ちましたけれども、首都圏でいうと、練馬の自衛隊駐屯地も横須賀の自衛隊基地も、そして全国の自衛隊駐屯地・基地も塀の中にはもちろん許可がないと入れません。でもその周りは普通にわたしたちが日本国の主人公として、自由に行き来のできる場所です。

　だから、あの硫黄島の海上自衛隊の基地の中は入れなくても、わたしたちの先輩の方々がたった69年前に戦われた場所には、入ることができなければいけません。

もうひとつ、火山の活動が活発だから、ということが立ち入り禁止の理由として説明されることがありますが、擂鉢山《すりばちやま》がいま噴火をしているわけではありません。だから島の自然は同じなのに、戦前はふつうに住民がいたのです。それで立ち入り禁止なら、阿蘇山のある熊本も、桜島のある鹿児島も富士山の山梨、静岡も立ち入り禁止の市町村がどっと出るはずです。説明になっていません。

2 総理の眼差し

さて、わたしは共同通信の政治部の記者出身ですから、現在の安倍晋三総理とも長い付き合いです。

ぼくは安倍総理のお父さんの安倍晋太郎さんが外務大臣をなさってから、まだ政治家ではなかった安倍晋三さんを初めて知りました。ぼくと安倍さんは、ほぼ同世代です。

ぼくはかねてから安倍さんにふたつのことを提言してきました。

ひとつは硫黄島に取り残された1万数千人の英霊の方々を全員、ご遺骨として取り返すということ。

それから、もうひとつはあの島がいままで立ち入り禁止だったことを生かして、つまりかつての戦いの跡がほぼそのまま残されていますから、それを観光地にして汚すことなく、とくに子供たちの教育施設、それから大人になったわたしたちの生涯教育のための場として活用すべきだということです。

最初に提言したのは、実に第一次安倍政権で松岡利勝農林水産大臣が自決をされたその翌日でありました。

いろいろな話題が重なり合っていますが、あえてこの話から第2回目の講演をいたしたいと思います。

青い海の素晴らしいクルーズのなかで、このようなお話をするのは、ぼくも辛いのです。

ただ、小笠原諸島だけではなくて、硫黄島も含むクルーズにあえて大金を支払われておいでになった方々は、きっとどこかで同じ志で通じ合っていると思いますから、あえてこの話を明日朝5時までいたしたいと思います（会場爆笑）。

1回ごとの講演時間が限られていて、短く区切られていて、今日は実はわずか1時間5分後の5時15分までしかありませんが、こういう話ですが、できればどうぞくつろいでいただきたいと思います。

ぼくももう上着を脱いでよろしいでしょうか？（会場拍手）

ぼくの話を聞いて、松岡農水大臣が第一次安倍政権の途中で自決されたのを思い出される方は多いと思います。

そのたまたま翌日、西暦２００７年5月29日に安倍さんとふたりで総理官邸の一室でお昼ご飯を食べる約束になっていました。

いま申しましたように元政治記者ですから、お付き合いが長いということでそういう話になったと思います。

そんななか、5月28日に松岡農水大臣が自決されました。当然ぼくは次の日のお昼ご飯などはキャンセルだと思いました。そうしましたら、総理官邸のある方から電話があって、「『予定通り青山さんとの昼食会はやる』と総理がおっしゃっているので、来てください」とのことでした。

いまの強くなった安倍さんではなくて、第一次安倍政権のときの苦しんでいた安倍総理です。

電話を受けて、ぼくは大変意外に思いましたけれども、でもそういう連絡ですから、総理官邸に出かけました。通されたのは広い部屋でした。このホールより広いです。その真ん中にテーブルがあって、その上に粗末なお昼ご飯が（会場爆笑）、本当に粗末でした。

まぁ、総理の昼食が質素というのは、いい話ですよね。

そして何気なく窓際に寄りましたら、ちょうど松岡大臣のご遺体を乗せた霊柩車《れいきゅうしゃ》が官邸の正門に来て、安倍総理以下当時の内閣、いまと違って随分いろいろ大臣が騒ぎを引き起こしてくれた内閣の閣僚たちもいて、みんな深々と、安倍総理も深々と礼をされて、霊柩車を見送るところでした――国会の周りをぐるぐる周っていった霊柩車です。

そしてそのまま、総理はまっすぐぼくのいた部屋に来られたのですが、いま申し上げたように大きな縦長の部屋です、一番奥に大きな扉があって、その扉が開いて、安倍総理とＳＰ、ＳＰというのは警護官ですね、警視庁の警護官がドーッと入ってこられた。

そうしたら、安倍さんが警護官に「もうここでいいです」と止められて、本当は総理大臣はいかなるときでもひとりになってはいけませんから、ちょっと普通ではないのですけど、警護官を止めてドアを閉め、たったひとりでぼくのほうへ歩いてこられました。

そして、そのときの総理の眼差しを見て、ぼくは予定の話を全部止めたのです。予定の話というのは、安倍総理は、例えば日米関係や日中、日露関係など、外交の専門的な話をしてくれというご要望でした。

それを全部止めて、いまからみなさんにするのと同じ、硫黄島での出来事を突然、話し出しました。

そして安倍さんはどういうふうにお聞きになったかというと、すごく不機嫌になられた。

なおかつ、長い付き合いですからお互い遠慮がないので――いや、ぼくは遠慮しますよ、相手は総理ですから――安倍さんははっきりと「なんで今日、そんな硫黄島なんかの話なんですか」とおっしゃった。すみません、一瞬ですけど「硫黄島なんか」と言われました。そして安倍総理は「青山さん、なんであなたの予定だけキャンセルしなかったか、わかっているでしょ」とぼくを問い詰めました。

この内閣は大変なことに陥りました。そりゃそうです。

長い政治の歴史のなかで、現職閣僚にいきなり首を吊《つ》られた内閣なんて滅多に存在しません。

そしてもうその時点で自民党の中から「北朝鮮や中国に厳しい安倍にもう我慢できない。安倍を降ろせ」という声が本当はたくさん巻き起こっていました。

あのとき安倍総理がお辞めになったのは病気のせいではありません。少しだけ柔らかく言えば、「病気のせいだけではない」と言いたいところです。

安倍さんは中学のときからあの病気を抱えておられ、上手に付き合ってこられています。

むしろ病のおかげで人の痛みが分かる人になられました。それがなかったら、ただのお坊ちゃんです。だからあの病気だけが理由で辞めるなんてことはあり得ません。薬があるとかないとかの問題だけじゃない。もちろん、民主党や共産党、社民党のせいでもありません。身内の自民党のハト派、実態は親中派、親韓派、親北朝鮮派に足を引っ張られて、辞任に至ったのです。

ただし悪いのは安倍さんです。政治は闘いですから、負けた方が悪いのです。

3 怒りのない眼

話をもとに戻しますと、安倍総理は「こんな状況のなかでもというか、なかだからこそ、外交だけはお国のために冷静にやりたいと思うから、外交の専門家のあなたに来てもらって、日中、日米、日韓、日露、そういう話をしてほしいのに、なぜ硫黄島なのですか」とおっしゃった。

それに対してぼくは、こうお答えしました。

「総理、外交も安全保障もわたしたちが、日本国民が何を目指していくのかが一番の基本になります。硫黄島に取り残された1万3千人――当時は1万3千人いらっしゃいました――のご遺骨を悪者扱いにして放っておいて、その上に自衛隊機まで降りる現状のなかで、いかなる外交をやっても本当は意味がありません」

……「それから、総理がいまお感じになっている通り、やがて自らの自由民主党の中から足を引っ張られて、恐らく内閣は崩壊するでしょう。しかしいつか必ず甦《よみがえ》って、再び総理をおやりになるときのために、硫黄島についてお考えになるのはこの機会しかないとぼくは思います。どうぞ、総理の職をもし離れられたら、その間、ぼくが申すことが本当なのか、誇張があるのかないのかということも含めて、どうぞ調べてください」

そして、これから明日の朝5時までかかって（会場笑）、みなさんにお話しするのと同じ話をいたしました。

総理は最後まで不機嫌に聞かれ、怒ったままでドアをバンと開けて出ていかれたのです。

しかし、先ほどの総理の眼差しの話に戻りますと、なぜ、安倍さんの目を見て、ぼくは硫黄島の話をしようと思ったかといいますと、そこには怒りがなかったのです。

眼に怒りがない。

ぼくは元政治記者ですから、総理大臣をたくさん見ています。中曽根康弘総理、竹下登総理、海部俊樹総理……たくさんの歴代の総理を、仕事として、あるいはいち国民として、若い友達として見てきましたが、彼らはやはり権力を守ることに必死です。だから閣僚から足を引っ張られたら、凄《すさ》まじい怒りが巻き起こります。しかしそのときの安倍さんの眼には怒りが一切なかったのです。ただただ友達の松岡さんを失った悲しみだけしかない。

松岡さん、いまだから申しますが、林道汚職というものに関わっておられて、その強制捜査が間近に迫っていたので、自ら命を絶たれたと考えています。

安倍総理は実はそのこともご存じでいらした。けれども一切怒りの色がなく、友達を失った悲しみだけでした。

だから「この人なら、人の痛みがわかる人だから、右とか左の考え方の偏りなしに硫黄島の英霊のことも考えてくださるだろう」とぼくは思ったのです。だから、安倍総理に硫黄島に入ったときの話をしました。

4　カラカラに渇いた島

第1回講演会では、島に入りたいと願い始めてから3か月以上経って、やっと島に入ったところまでを話しました。

そこから元に戻ってお話ししますが、写真（④頁写真⑥参照）で見ていただいた自衛隊の基地の滑走路に着いて、足が動きませんでしたが、パイロットに肩を押されて、ようやく降りて、そして土下座をして滑走路を撫《な》でました。

そして鹿島建設の水野次男《みずのつぐお》所長の4駆に乗ろうとしたら、海上自衛隊の黒い軍用ジープがぼくを尾行しようと待っていたというところまでお話しいたしました。

彼らは命令で来ていますから、「お疲れさん」とだけ言って、水野さんの4駆に戻りました。

そしてまず、どこへ行ったかというと、天山というところです。実はご遺族の方々がいつもいらっしゃるところで、慰霊碑があります。

その慰霊碑に歩いていく間です。4駆から降りて歩いていく間、そこにちょっとだけ掘り返した跡があったのです。

小さな記念碑があるのですけれども、そこに向かう道の横に少しだけ掘り返した跡がありました。そこは生き残った方——2万1千人が戦われて、1千33人だけが生き残った——が、硫黄島のことを忘れずに一生懸命、戦友を探して掘られた跡です。

あるいは亡くなった2万人の方々のご家族がなんとか硫黄島に来て、家族を取り返したいと願って掘られた跡です。

生き残った方やご遺族は全員、島のわずかな指定された場所で探せるだけです。遺骨を探すことを、わたしたちが選んでいる政府によって制限されていて、同じ場所を何度も何度も掘り返しているのです。

したがって、頭蓋骨《ずがいこつ》など誰かをある程度わかるようなお骨はもう出てこなくて、欠片《かけら》のようになったお骨ばかりです。

暑い暑い硫黄島ですから、毎日毎日、直射日光に照らされてぼろぼろになっているお骨を何度も何度も掘り返して収集する。

そこに若い学生諸君のボランティアも加わって、みんなで泣きながら世代を超えて掘り返しています。

その場所を左手に見ながら慰霊碑に着きました。ぼくはまず本土から持ち込んだお水を慰霊碑に掛けました。

今朝も水を硫黄島近くの海に捧《ささ》げましたが、これには理由があります。

硫黄島はその通り――今朝、船からご覧になった方もいらっしゃるでしょう――硫黄が噴き出ていて、川一本ないのです。

例えば日本軍、日本軍というよりも、もとは普通に社会で働いておられた先輩方は、この地で一生懸命井戸を掘られましたが、掘っても掘っても出てくるのは硫黄臭が非常にきつい水、すごく塩辛かったそうです。

もう飲めば飲むほど口の中がカラカラに渇くような水しか出てこない。

ぼくが本土から持ち込んだきれいな水を慰霊碑に掛けますと、その小さな碑の下が砂利になっていて、そこからあっという間に下にしみこんでいく。

いかに土地が渇いているかということです。

そして気が付いたら、ぼくはその砂利のうえに跪《ひざまず》いていました。

その砂利の下で英霊の方々が口を開けて待っていると直に感じていました。

みなさんがどれだけ冷たい水をほしがっておられるかというのがありありとわかり、

そして生半可な覚悟で回る島ではないということを改めて感じました。

そのあと、水野所長が「青山さん、今日の時点でわたしはこの島に28年います。しかし、いち国民、いち民間人が自由に島を回ってよいという防衛庁との合意でやってきたのは、あなたが初めてです。だから、どこを案内していいか、わたしもわかりません。青山さんは1日自由に回れるといっても、日没までの時間しかないから、ただ漫然と回るわけにもいきません。どこに行きたいのですか?」と言われたので、「島のなかは全部回りますが、絶対に欠かしてはいけないのが地下壕《ちかごう》です。地下壕は、入れるところは全部行きます」と申しました。

どうしてかというと、第1回講演会でちらりと申しました通り、地下壕こそ、みなさんが今朝ご覧になったあの硫黄島の、いまも魂なのです。

5　親米派の陸軍中将

戦争がどんどん日本の敗戦に向かっていったときに、アメリカ軍は日本本土の女性と子供を爆撃で殺し、日本民族が根絶やしになるという恐怖を日本国民に与えて、降伏させようとしました。

そうなってから、陸軍中将だった栗林忠道さんに「硫黄島に行け」という命令が大本営から下された。

これはいろんな説がありますが、ぼくなりに資料にあたって調べたところでは、第一の理由は栗林忠道陸軍中将はかつての帝国陸軍のなかでほとんどただひとりの親米派だった。アメリカのことが大好きだった。これがあると考えます。

栗林中将は英語もきちんと喋《しゃべ》られる方でした。

もともとは軍人志望ではなく、ジャーナリストの志望だったということも、当時の日本においで、はっきりとおっしゃっていました。そして陸軍に進まれて士官になられてから、カナダ、あるいはアメリカに駐在武官として赴任され、アメリカ軍との間にも強い信頼関係をもっていらっしゃいました。

それと同時に、実は栗林中将はアメリカからの情報も得ていた。硫黄島を狙うということも。

硫黄島ではなくて台湾をまず占領しようとか、いろんな意見が当時のアメリカ軍のなかで最終段階であったのですが、台湾でもどこでもない、まず硫黄島を占領して、そのあと沖縄に上陸するであろうということを、栗林中将は、つかんでいた。

中将が硫黄島に赴任された理由、ひとつは陸軍にはほとんどいなかった親米派に対する見せしめというか、アメリカなんかが好きな奴は硫黄島に送ってやるという、一種の意趣返しがありました。

それと裏腹に、アメリカの戦術も動きも自らつかんでいる栗林を硫黄島に送るしかないということもありました。両方の意味で、中将は硫黄島に赴任されたのです。

中将が最初に行かれたのは、昨日わたしもみなさんも上陸した、あの父島です。

当時の小笠原兵団の中心地は硫黄島ではなくて父島でした。

父島に入られた陸軍中将栗林忠道さんは、まずアメリカ軍はこの島には来ないと考えた。

みなさんご覧になったでしょう？　父島には岩陰に穴を掘って大砲が装備されていましたよね？（18頁写真参照）あれを見て、中将は「無駄だ」とおっしゃったのです。基本的に海軍がつくったのですが、堂々と海軍の批判をなさいました。

敗戦後に生まれたぼくたちは、なんとなく海軍が格好良くて陸軍はどうしようもないと映画や本で刷り込まれていますが、それは本当に一元的な見方です。

あのとき、旧来の戦法でアメリカ軍を迎え撃とうとした海軍を批判され、「アメリカ軍は父島ではなく、航空機が使える、滑走路のある硫黄島に必ず来るのだ」と主張されました。

そしてまずは硫黄島に住んでいた1千人近いわたしたちと同じ日本国民を硫黄島から出し、父島と本土に移ってもらったのです。

これは実は極めて大事なことです。もしも硫黄島の戦いのあとに起きた沖縄戦で、これと同じことを司令部がやっていたなら、あの沖縄戦の悲劇は起きていないのです。

沖縄戦は一般の県民を巻き込んだから、69年経ってもなお、沖縄県民が例えば本土に対して複雑な感情を持っていたり、複数の学者が〝沖縄独立論〟なる無茶な話を公然と言ったりしているのです。

今年（2014年）11月の沖縄県知事選挙には〝沖縄独立論〟を掲げている人がどう

も出馬しそうです。なんと「自衛隊出ていけ」「アメリカ軍も出ていけ」「そこに中国・韓国の連合軍を入れろ」と主張する人が、今年11月の沖縄知事選に立候補しようとしています。

まだ知事選は始まっていませんから、中立性云々《うんぬん》関係なく指摘をしましたが、いまぼくはそういう人たちのことを悪く言ったのではなく、それは沖縄戦の悲劇があったゆえのことだと思うからです。

いまなお、県民が犠牲になったという想いがずっと――ぼくは本当は違うと思っていますけれど、これについては第3回講演会でお話しします――すごく強く残ってしまっています。

その沖縄戦の前、硫黄島の戦いのその前に、栗林中将は東京都民、硫黄島の住民には全て、父島を中心に疎開していただいたのです。

第1回講演会でわたしが硫黄島を思い出したきっかけがアメリカのクリント・イーストウッドがつくった映画だったと申しました。

それはみなさんご存じの有名な映画『Letters from Iwo Jima』、間違って「いおうじま」と呼んでいますが、『硫黄島からの手紙』という映画、そのなかで渡辺謙さん、栗林中将を毅然《きぜん》と演じてらっしゃいますが、でもやっぱりアメリカ人のつくった映画であって、クリント・イーストウッドは公平な人ですけれど、一番根っこのところが抜けているのです。

一番根っこことは何か?

栗林中将はいよいよ父島を経て硫黄島に入られたときに、きゅっと話を縮めて申しますが、陸海軍合わせて2万1千人、自分の陸軍だけではなくて海軍の人たちにも、栗林さんはふたつのことを禁じられました。

ひとつ、バンザイ突撃をしてはならぬ。

ひとつ、自決をしてはならぬ。

日本はそれまで、サイパンでもガダルカナルでも玉砕を重ねていました。

戦況が厳しくなると、最後、銃を構えて「バンザーイ」と叫んで突撃していくのです。

無残な話ですが、「バンザーイ」と突撃しているということは、もう、これ、弾当てになるようなものですから、行った瞬間にあっという間に殺されて、戦いは終わるのです。

あるいはそうでなくても、自ら手りゅう弾を噛《か》み切って自決する。そうやって、玉砕していかれたのです。

栗林中将は「人間は必ず死ぬ。だから、死ぬことが問題ではなくて、後世の人のためにどうやって生きて死ぬかが問題だ。だからこのような無防備なバンザイ突撃をするな。そして自ら命を絶つこともしてはならぬ」ということをおっしゃった。

そうしたらまず、栗林さんは陸軍の人ですから、海軍から「今までの戦い方が悪いというのか！　何を言っているのだ、この頭でっかちの親米派の陸軍の野郎が」と広い批判が起きました。

そしてそれだけではなくて、二等兵に至るまでの叛乱《はんらん》が準備されました。これは今も非公開の文書に残っています。防衛省の戦史室にある非公開の文書などを見ますと、それが読み取れます。

栗林忠道閣下は陸軍中将でいらっしゃいました。いまの陸上自衛隊の将軍と社会的地位がどれほど違うか……ぼくたちはまだ生まれていませんが、想像がつきます。

それなのに、栗林中将は一人ひとりの二等兵のところまで回っていって話をされた。

あの映画を見ますと、渡辺謙さん演じる栗林中将が浜辺で視察をしているときに、若い二宮和也さんという俳優が演じている兵士が胡坐《あぐら》をかいて「今度の将軍は変わった人だね」みたいなことを言う場面がありますが、そんなことは当時の帝国陸海軍ではあり得ない話です。

そんななか、偉い将軍が自ら足を運んで、一人ひとりの兵士に話しかけていかれた。

そのときに何を話されたかというと、「穴を掘ろう」です。

穴を掘って、地下壕を造ってそれを地下道で繋《つな》いで——28キロにもおよぶ地下道です——立てこもろうとした。

なぜか？

「バンザイ突撃をしなくても、自決をしなくても、お前も俺もみんなここで死ぬんだ」

今朝ご覧になった硫黄島を思い起こしてください。あの暑い暑い絶海の孤島の硫黄島から、自らの北海道を想い、東北を想い、東京を想い、名古屋、大阪を想い、四国を想い、九州を想い、沖縄を想った、わたしたちの先輩の方々一人ひとりに、中将はこう言われたのです。

「この島で我々は全員死ぬんだ。しかし、同じ死ぬにしても、バンザイ突撃や自決で死ぬんじゃなくて、地下壕に立てこもって戦いながら死のう。そうしたら、アメリカ軍がこの島を占領するまでに時間がかかる。1日、戦いを引き延ばしたら、1日分本土で女と子供が生き延びる。2日引き延ばしたら、2日分本土で女と子供が生き延びる。だから、水際で迎え撃つのではなくて、地下壕を掘って、そこに立てこもって戦おう。今までの『散ればよい』『最後に死ねばよい』という考え方ではなく、引き延ばして引き延ばして、最後はここの土になろう」

すると陸軍海軍の対立、あるいは若い兵士の憎悪をも治められて、2万1千人が心をひとつにして、穴を掘り始めたのです。

道具もなく灼熱《しゃくねつ》の孤島で穴を掘り続けるのは本当に苦しくて、自殺者も発狂する人も逃げようとする人も出たけれど、最後まで穴は掘り続けられました。

6　滅びざる硫黄島の魂

水野さんに言うのは釈迦《しゃか》に説法でしたが、水野さんにもぼくはこの話をいたし、「だから地下壕に行きたい」と申しました。

そして、すべての地下壕を実際に見ました。限られた時間ですけれども、あるときは走り、あるときは匍匐《ほふく》前進、真っ暗なトンネルの中を這《は》いずり回って、すべての地下壕を見ました。

それをお話しする時間はこの3回の連続講演であっても足りませんから、一番大事なところを、ひとつの例としてお話しします。

それは、第1回講演会で写真を見ていただいた、兵団司令部という標識の立っているところです（⑤頁写真⑦参照）。

前回参加されていない方もいらっしゃるかもしれませんから、時間がないのですけれども、ちょっとだけ前回提示した写真をもう一度見ていただきます。

（写真〔②頁写真③〕を示しながら）みなさん、今朝はこの硫黄島の周りを船で回りました。ぼくは空路で入りましたから、空から見たらこうなります。そしてこれが朝、艦上で説明した摺鉢山です（②頁写真④参照）。今朝、わたしたちのにっぽん丸が回ったあたりに、当時アメリカ軍の艦船がぎゅうぎゅうに詰めかけて、航空機による爆撃や艦砲射撃を島全土に浴びせかけました。

これがどれだけ猛烈だったかを物語る有名な言葉が残っています。

アメリカ海兵隊の軍曹が――原文は英語ですが――「おい、俺たちの（殺す）ぶんの日本人は果たして残っているのかい？」と訊《き》いたということです。

つまり船に乗っている海兵隊の諸君は、自分たちの上陸する前の艦砲射撃と爆撃の激しさを見て、こんな攻撃を受けて人間が生き残れるわけがない、こんな小さな島全部が吹き飛ぶような猛攻撃をやって、上陸したらもう誰も生き残っていないだろうと思ったのです。

このことから栗林中将の立てた作戦のすごさがわかりますね？

そうやっていわば油断して上陸していった――油断してというのはちょっと気の毒ですが――もう決着はついていると思って、上陸したアメリカ海兵隊です。

ところが島の中に入れば入るほど地下壕からまるでマジックのように湧《わ》き出てくる2万人の日本軍……それが11万人で押し寄せてきたアメリカ軍に襲い掛かったというのが、

この硫黄島です。

摺鉢山の火口が吹き飛んだほどの攻撃です。この山は今朝、船からご覧いただきましたよね？

そして第1回講演会で言いました通り、硫黄島の滑走路はもともとあったものをアメリカ軍が増設したものです。

アメリカ軍は滑走路近辺にあった日本兵の亡骸《なきがら》の上に、遠慮なくコンクリートなどを流し込んで滑走路を補強しました。それは戦時下に戦闘員に対して行ったことなので、戦争犯罪とまでは言えません。

ところが戦争に負けて23年後の昭和43（１９６８）年、もう40年以上前に硫黄島を含む小笠原諸島は日本に戻ってきたのに、自衛隊はいまだにその滑走路のまま使い続けています。

つまり、この滑走路の下にわたしたちの英霊が閉じ込められているのに、毎日、自衛隊の航空機が何機も「ドーン！」と着陸している。それを国民に知られるわけにいかないというのが、「硫黄島立ち入り禁止」の実は大きな隠された理由なのです。

何気ないコンクリートに見える、何気ない滑走路に見えて、何気なくＣ１という航空自衛隊の国産輸送機が留まっていますが、実はそういう真実があります。

そして、〔⑤頁写真⑦参照〕を示しながら）これが兵団司令部跡、壕の入り口です。ここから先は写真を隠しているのではなく、とても写真を撮る状況ではなかったので、撮れていません。このような草むらが見えますが、最初はどこに入り口があるのかわかりませんでした。

入り口を探しているときに、まず（穴を）掘った道具がわずかに散らばっているのに気付きました。

掘った道具というのは、いまぼくの使っているハンドマイクの半分よりちょっと大きいくらいの、子供のおもちゃのようなトンカチでした。

水野さんは、28年間硫黄島にいらっしゃって、それを見つけては調べて、元に戻しということを繰り返された。鹿島建設のいち社員でいらしたのですが、自然にそういうことを調べられた。

そしてこうおっしゃった。

「青山さん、戦争の末期ですから、機材は何もないのです。わずかにあったのは、このちっちゃな子供のおもちゃのようなトンカチだけで、あとのまるでこれは道具と言えるのかというようなもの」――もう朽ち果ててしまって影もないのです。もともとちっちゃなものですから――「あとは爪を剥がして掘ったんです。素手で掘ったんです。全部、手仕事です」。

だから、ぼくはこういうところが教育施設になるべきだと思っているわけです。

例えばある壕でいいますと、これも第１回講演会で申しましたが、両手を上げて体を縦に長くして、ストーンと降りないと入れません。まっすぐ縦の入り口になっています。

１９６０年代からのベトナム戦争で、どうしてベトナムがアメリカに勝ったのか、ご存じの方いらっしゃるでしょう？

ベトナム人は大きなアメリカ人が入れない入り口の狭いトンネルをベトナム全土に張り巡らせました。

いまでもベトナムを旅行されたら、トンネルは残っていますよ。アメリカ軍はトンネルに入れませんでした。その一方で小柄なベトナム兵はトンネルから湧き出てきて、アメリカ軍を撃退しました。

これがベトナム戦争でアメリカが建国以来、初めて負けた理由のひとつなのです。

その何十年も前に、栗林中将がそれと同じことを硫黄島で実現されていました。

その小さな入り口からストーンとぼくも降りました。

降りたら、今度は体をかがめて、匍匐前進でトンネルの中を進むのですが、肘《ひじ》を広げたらもうだめです。肘をたたまないと進めない。細かいトンネルになっていて、もうすでに真っ暗ですが、その中を大きなライトで照らすと、壁は全部、黒焦げです。

すなわち、いくら隠しても壕の入り口はわかりますから、アメリカ軍がそこから火炎放射器で炎を入れてきたためです。ただそれも栗林中将は事前にご存じでした。

沖縄戦でたくさんの日本の兵士と沖縄県民が壕の中で火炎放射器で焼かれましたが、その前に硫黄島でいわば試されたのです。

硫黄島の地下壕は炎がザーッと勢いよく入ってきたときに、毛細血管のように枝分かれしているため、炎を逃がすようになっているのです。

毛細血管のようなトンネルを暫《しばら》く通っていくと、前回も申しあげましたが、突然、背が立つようになります。

そのうち地面から大体1メートル弱くらいまでは焦げていましたが、そこより上はもう焦げていないのです。すなわち、炎がそこで弱くなったということですね。その背が立つようになったトンネルを進んでいくと、例えば日本兵の方の足袋が転がっていたり、あるいは兵器の欠片が転がっていたり、戦闘の時の状態のままでした。

そこを抜けていくと、今日のこの会場の何倍どころじゃない、はっきりわかりませんが、十数倍もある巨大なスペースの司令部跡になりました。

そしてそこも真っ暗ですが、ライトで照らすと、どの壁もどの壁もまったく崩れていないで無事なのです。

もちろん、自然の洞窟《どうくつ》も活用しているのですけれども、見事に徹底的につくられていました。

英霊の方々が生爪剥がして手で掘った場所ですよ。それがほとんど無傷なのです。

あの摺鉢山の巨大な火口の半分を吹き飛ばした爆撃を受けて、そして見ていた海兵隊のアメリカ人が「俺たちのぶんの日本人は残ってないいんじゃないか」と言った、その艦砲射撃と爆撃を受けながら、肝心かなめの司令部は健在なのです。

そしてぼくは壁をライトで照らしたあと、もう我慢できなくなって後ろに（ライトを）向けたのです。すると、軍用ジープに乗っていた若い20歳前後の海上自衛官のふたりと防衛庁の幹部が浮かび上がりました。

実はこのとき、関西テレビのカメラクルーが付いていたのですが、この地下壕にはもう付いてこられなかったようです。カメラの機材を持って入るのは無理です。

ライトを向けたときに、その自衛官ふたりと防衛庁幹部、いわばプロの顔が浮かびあがりました。

その顔に向けて、ぼくはもうほかのことは何も考えられずに、ただ頭に浮かんだことを申しました。

「みなさん、この地下壕を見ましたか？　生半可な努力でこんなものは掘れない。素手でここまで掘れるのか！　それだけじゃなくて、これを掘った2万1千人の人のなかに、たったひとりでも自分のために掘った人はいたんですか」

……「職業軍人は2万1千人のうち、千人前後しかいなかったのですから、2万人は普通の働く生活者、庶民です。戦争反対の方もそうでない方もいらっしゃったはずなのに、ただのひとりも私利私欲のために、自分のために掘った人はいなかった。自分の家族のためだけに掘った人もいなかった。自分の家族だけが生き延びて、どうなるんですか？　その後、日本国という祖国が失われてしまったら、例えばいまぼくがどんなに声を嗄《か》らして、日本語を喋《しゃべ》っても祖国が失われたら、もう言葉も通じなくなります。みなさんとぼくも意見の違いはあるでしょうが、でも共通のものがあるから、ぼくの言っていることも賛成・反対も含めて伝わるのです。祖国が続いていって初めて伝わっていくのです」

……「自分の娘や息子、あるいは家族だけが助かればよいと思って掘った人はいない。これを掘った人はすべてこの、まだ見ぬわたしたちの顔を思い浮かべて掘ったのです」

……「司令部を拡げ、坑道を繋ぎ、ここで１日、２日、戦いを引き延ばしていけば、アメリカ軍の本土爆撃はたしかに遅れて、そのぶんだけ辛うじて女と子供が生き延びる。そこから次の、あるいは次の次の世代の日本人が生まれるから、そのために掘ったのです。じゃあ、その日本人とは一体誰なのか？」

ぼくは明かりを照らしながら自衛官と防衛庁の幹部に申しました。

「それはぼくらですね。官も民もへったくれもない。民間も政府も関係ない。同じ日本国のぼくたちのために掘ったのです」

その場にはありありと英霊がいらっしゃいました。

正直に申しますと、凄《すさ》まじい密度と凄まじい圧迫感でした。

そのなかで、これはオカルトの話じゃないのです。現実の話として明らかにそこに英霊がいらっしゃるから、「ここにいらっしゃるみなさま方は、ほら、ぼくらに訊いているじゃないですか？　『おい、祖国はどんないい国になったんだ？』『俺たちがここで戦ってこもったために、祖国はどんな国に、良い国になったんだ？』と訊いてらっしゃるじゃないですか？　じゃあ、ぼくらが考えるべきは、戦争は悲惨だった、それを語ることもとても大切です。しかし同時にそれだけでいいのですか？」とぼくは言いました。

真っ暗な地下壕の中で、こうも言いました。

「あの映画の中で栗林中将を演じられた俳優の渡辺謙さんも『戦争は悲惨だったことがわかる』とおっしゃいましたが、それだけで済むのですか。本当に英霊がお訊きになっているのは、戦争が悲惨だったことを一番ご存じの英霊の方々が何を一番知りたいかというと、いま、日本人はどんな生き方をしているのかということを知りたいのではないですか」

……「その祖国で親が子を殺《あや》め、子が親を殺め、いじめられた子は自殺する。そんな祖国になりました。そんな社会になりましたということが、言えるんですか？　わたしたちはなんという生き方をしてきたのかということを、まずぼくらが考え直して、英霊の方々に報告できるようにすべきではありませんか」と言いました。

いま話すと、あたかも理路整然と話したかのように思えるかもしれませんが、ぼくはもう無我夢中でした。

壕の中は物凄《ものすご》い暑さです。汗が出るなんてものじゃない。体の中がカラカラになるような暑さです。

ものの本には壕の中の気温は60℃と書いてありますが、とんでもない。70℃近いのです。

ぼくたちは夏になると40℃を超えたと大騒ぎしますが、壕の中は70℃に迫る世界です。ぼくが行ったのは12月です。12月なのに外はカーッと日が照り、地下壕の中は物凄い、経験したことがない暑さです。

今回は詳しく話す時間がありませんが、実はぼくはイラク戦争に参加しています。イラク戦争に参加して気温55℃のなかを戦車砲を撃ち込まれながら、逃げまどいました。硫黄島では今はもう戦いはないのに、そのときよりもずっと凄まじい世界です。

そんなところに長時間いたため、訳が分からなくなりました。そして地下道の中を匍匐前進しながら這い出たのです。入るときはみなさんに話した通り、よく覚えていますが、出たときは自分がどうやったのか覚えていません。

外に出て、今朝みなさんが見た黒い砂浜へたどり着きました。

要するに火山灰の砂浜です。火山灰の砂浜で全部真っ黒です。真っ黒なこの砂浜です。この砂浜に出まして、茫然と立っていました（⑧頁写真⑬参照）。

（写真⑬を指しながら）このような髪の毛が逆立つ凄まじい風で、もう何も考えられなくなって立っていたら、水野さんが近づいてきて、ぼくの腰に吊ってあったカメラを取って、こういう写真を撮ってくださいました。

左が水野さんでいらっしゃいますが（⑧頁写真⑭参照）、この写真を撮ってくれたのは海上自衛官です。彼らの写真は実は出せません。彼らはいまも海上自衛隊にいるから出せないけれども、気が付くと、まずぼくがぼんやり立っていました。

ぼくの左側に若い海上自衛官がふたり並び、そしてそれに気が付いたら右側に防衛庁幹部がいた。

そして、このうちのひとりがまず、「青山さん、わたしたちが昼ご飯を食べていると、普通に真昼間に帝国海軍の方が横で食事されています」――このことは今日、朝の船内放送でも少しだけ申しました――「毎日毎日それが起きるんで、もう見ないように、幽霊が出ていると思って、見ないようにしていたけれども、本当はそれはただの幽霊じゃなくて、わたしたちに訊いているんですね。ぼくらの肩に手をかけて訊いているんですね。『おい、お前たちは内地に帰れるそうだな。じゃあ、日本がいまどんな国か知ってるんだろうな？　どんな国になったのか、教えてくれ』と。そういうことを実はお聞きになるために、わたしたちの横で食事をされていたんだということが、初めてわかりました」――兵団司令部に入ったのは最後のほうですが――「初めて自分たちもいろんなものを見ました。それで初めてここに赴任したことの意味がわかりました。自分たちが単なる任務じゃなくて、自分の頭で考えなきゃいけないことがあるから、硫黄島に赴任したんだということが……」と述べられました。

そして、あるひとりがこう言われました。

「青山さん、わたしは勤めても勤めても憲法も変わらず、自衛隊は悪者扱いされて、もうどうでもいいかなとも思っていました。しかし青山さん、あなたの後を一日、正直、尾行して、自分も初めてわかったことがある。わたしはいつか定年になって、そんなことは関係がない。命がある最後の日まで、自分にはできることがあり、やらなきゃいけないことがあるというのを、あなたの後を回っていて、わたしも初めてわかりました」とおっしゃったのです。

そしてぼくはそのときに感じたのは「ああ、硫黄島というのはわたしたちの生きるヒントだ」ということです。

7　トーチカの中に現れた栗林中将の想い

今日も時間が厳しいですから、硫黄島で起きたこと、あまりにも一部しかお話ししていません。

でも第3回講演会で話せる機会もありますから、話をあえて前に進めますと、夕刻になって、日没となって約束通りぼくは硫黄島を去っていくのですが、その前に、この写真（⑩頁写真⑱参照）、もう日暮れ近いのです。

日暮れ近くになって滑走路に戻るとき、ちっちゃなジェット取材機が待っている滑走路に戻るときに、（写真⑱を指しながら）これが何かは前に話しました。使えなくなった爆撃機の丸い胴体を半円に切って、それにコンクリートを日本軍が付けて、トーチカにしているのです。

トーチカというのは防御陣地ですね。

このすぐ目の前には自衛隊の滑走路があります。そのとき頭の中で、「おい、止めてくれ」という声が聞こえました。

これもオカルトじゃないんです。それで水野さんに「ちょっと停めてください」と4駆を停めてもらって、後ろの海上自衛隊のジープも停まりました。そしてみんなが降りてきたら「待ってください。すみません、なぜだかわからないけれど、ここはぼくひとりで入るべきだと思います」と言って、みんなを止めて、わたしひとりが中に入りました。

中に入って、普段、腰につけているデジタルカメラでまず一枚撮りました。

そして「一歩前へ」という声がまたはっきり聞こえたので、一歩前へ出てもう一枚撮りました。

この二枚だけでいいという気がしましたから、そして日没も迫っていましたから、4駆に戻りそして飛行機に乗り、このまえお話しした通り、凄まじい夕焼けのなかを東京に戻っていきました。

そしてその夜、デジタルカメラですから、そのトーチカの中で撮った二枚の写真を自分のパソコンで確認してみました。その写真はいま船内のぼくの部屋にあるパソコンにはありますが、すみません、みなさんにお見せするわけにはいかないのです。

どうしてかというと、今朝、船内放送でお話しした長野県長野市松代《まつしろ》の明徳寺という、松代の名門、栗林家の菩提寺《ぼだいじ》のご住職に相談したところ、栗林中将の直系の孫でいらっしゃる新藤義孝総務大臣（西暦2014年当時）、当時まだ大臣ではありませんでしたが、「新藤さんには見せてください。ご遺族には見せてください」と言われました。

なぜか？

お祖父さんの姿が写っているからです。ご住職にはその写真を見せました。ご住職もぼくと同じ写真の見方をされ、明らかに栗林中将がそこにいらっしゃる。

「ご遺族には見せて、そしてそれ以外の方にはどうぞお話だけをして、写真自体を見せてはいけません。あまりにも深い想いが入っているので、いろんな方に影響を与えますから。栗林中将は青山さんは大丈夫と思って、お出になっています。だからご遺族以外の方には言葉で伝えてください」ということでした。

なんとそのご住職は、この件を相談してから暫《しばら》くして心臓マヒで亡くなりました。いまは次の方が継いでらっしゃいます。みなさん、よかったら明徳寺に行ってみてください。

話を戻しますと、うちで写真を確認して、その写真に何が写っていたかというと、みなさんから見たら半円形の左側に、軍刀を持った軍人が中腰でいらっしゃるのです。そして左目が全部なくて、目のあるはずのところに大きな穴が開いていて、何かが大きく垂れていた。

そしてこの胸の心臓をはさむ左右にも穴がふたつ開いていて、そこからも何かが垂れていました。

実は帝国陸軍栗林忠道中将が昭和20年3月26日の最後の総攻撃のときにどうやって亡くなったか、わからないのです。なぜか。全員死んだからです。ひとりも生き残らなかったから、記録に残りようがない。

それについては、なんとみなさん、胸を抉《えぐ》られる話なのですが、中傷誹謗《ひぼう》が飛び交い、現在でもインターネットをご覧いただくと、とんでもないことが書いてあります。

栗林中将は最後の最後に自分だけ逃げようとして、本当は部下に殺されたのだとか、射殺されたとか、総突撃の途中でお怪我《けが》なさったのは大体わかっています。そのときに自決をする勇気もなかったから、部下に銃を撃たせたのだとか、そういう諸説がいまでもまかり通っているのです。

そういった説があることを中将がご存じなのかはわかりませんが、そのぼくが撮った写真の中に栗林中将がお出になっていて、亡くなった様子がある程度わかりました。まず、軍刀を持った明らかに地位の高い軍人なのに、肩や襟に階級章が一切ないのです。これは実は残っている記録と一致しています。

すなわち、総攻撃のまえに、指揮官だった栗林中将が自らのこの階級章を剥がし、まるで何もない、誰とも分からない姿になって突撃にいかれたということは記録に残っています。

中将は部下とともに戦死することを覚悟で総攻撃をして、撃たれたあと、アメリカ海兵隊にこれが指揮官だとわかり、自らの屍《しかばね》が辱められることがないように、すべての階級章を取って、いわば丸裸の状態になって、最低限の軍装――軍服だけを着て、総攻撃をされたのです。

ぼくは安全保障の専門家です。イラク戦争やその前の旧ユーゴ戦争で、銃弾が撃ち込まれて死んでいる人間を数知れず見ています。

ですからその写真を見て、はっきりわかりました。左目に撃ち込まれて、そして出ているものはもちろん血と同時に体液その他です。そしてこのちょうど心臓をはさむあたりの2か所にも、銃弾を撃ち込まれて、この3発で即死されたということがわかりました。

栗林中将は軍刀を持って最後、突撃していった。バンザイ突撃ではなくて、ひとりでも多くの敵を手でも斬り殺して、「アメリカ軍の爆撃が延びるように、最後の一瞬まで戦え」という言葉の通りに、軍刀で戦ったということをその手で示されているとぼくは思いました。

そしてみなさん、ここまで言ったのですから事実のまま申しますと、お顔はどうであったか？　お顔は、すみません、惨《むご》いことを申しますが、ズルリと溶けてらっしゃった。これは「俺はこの硫黄島で朽ち果てたんだ」ということを語られていると思います。左の目は穴が開いていましたが、右の目もズルリと溶けた状態だったのです。でもはっきりと地位の高い軍人だとわかる写真でした。デジタル写真ですから拡大もできます。どこから見ても間違いはない。

そしてさらにぼくがショックを受けたのは、この半円形のトーチカの左側に栗林中将らしき方がいらっしゃり、その奥のど真ん中、このトーチカの真っ直ぐ果ての一番奥のところに、女の子がいるのです。

赤いジャンパースカートを着て、おかっぱ頭のはっきりした女の子です。

これは、ぼくの推測も入りますが、栗林たか子さん、「たこちゃん、たこちゃん」と中将がずっとお呼びになっていた末娘でしょう。残された写真と、そっくりです。

栗林家には3人のお子さんがいらっしゃいました。上の男の子と女の子は、中将が東京の自宅を出発されて、小笠原諸島に向かわれるときに、お父さんはもう帰ってこないということを概《おおむ》ね察し、そしていわば死ににいくということもわかっていたけれども、一番下のたか子ちゃんだけは意味がわからなくて、お父さんにまとわりついた。

そして栗林中将は、これもアメリカでもよく知られていることなのですが、こまやかな手紙をずっと硫黄島からご家庭に送られた。

これが映画『硫黄島からの手紙』の出発点なのです。クリント・イーストウッドが最初に感激したのは、この手紙のなかに込められたおおよそ武人らしからぬ、軍人らしからぬ、ましてや悪いイメージだけで塗り固められた帝国陸軍の人とは思えないこまやかな感情が、そこに込められていることです。クリント・イーストウッドはそれに驚いたのでしょう。

みなさん、あえて申しますが、長野県長野市松代の栗林家はいまももちろん続いています。今朝に船内放送で申しました、突然法要をやるという話をぼくにしてこられたのは、現在の栗林家のご当主です。ご当主は教育者でいらっしゃいます。

みなさんちょっと栗林家に迷惑がかかるかもしれませんが、機会があれば「にっぽん丸のクルーズで硫黄島の間近まで行きました」とおっしゃっていただけませんか。硫黄島が忘れられていた時代が終わるのかと、喜ばれるかもしれません。

栗林さんは将軍でいらっしゃいましたから、お手紙は検閲を通って家族のもとに届いています。

どこもスミで塗られることなく、どの手紙も捨てられることなく、今日も長野市松代のお宅に全部、保管されています。

そこに出てくるのは、例えばあの台所の隅のあそこから隙間風《すきまかぜ》が入ってくるから、そこを俺が家にいたら普請してやれるけど、俺がいないから、男の子に向かって、お前ががんばってここを塞《ふさ》いでというような、こまやかな手紙がたくさん残っているのです。そのなかに頻繁に出てくるのは、たこちゃんはどうしている？　たか子はどうしている？　たこちゃん、たこちゃんとずっと繰り返しているのです。

したがって、ぼくはその不思議な写真を見たときに、栗林中将がなぜ、ぼくごときの、本当にぼくごときいち民間人のカメラに登場されたかというと、じつはこのことだけをお訊きになっているのだとわかりました。

「おい、たこちゃんはどうしてるんだ？」「たか子はその後どうしたんだ？」ということをお訊きになっているのは、はっきりわかりました。

そして先ほど「一歩先へ」という声がして、もう一枚撮ったと言いましたね。その写真には栗林中将の姿もたこちゃんの姿もないのです。

だから、たまたま何か別のものが写りこんだのではありません。ご自分がたこちゃんのことを訊きたいのだと意志をはっきりさせるために、二枚目では見事に全部消えているのです。

まったく同じ場所を撮っているのに、どれだけ分析しても一枚目だけに、赤いジャンパースカートのおかっぱ頭の幼い女の子と顔と胸に穴の開いた栗林中将のお姿が写っているのです。

ちなみにこの栗林たか子さんが、いまの新藤義孝総務大臣の実のお母様でいらっしゃいます。

じつは栗林たか子さんは、きれいな人で敗戦後に女優になられました。そしてあまり映画に出ないうちに結婚されて、そしていまの新藤義孝代議士を身籠《みごも》られ、子供を産まれ、その後ご主人とともに、幼稚園を経営されました。

残念ながら、ぼくも一度もお会いすることのないまま、亡くなっています。

幸せな生活を営まれた。したがって、ぼくは硫黄島から帰った日の夜に、その写真を見たときに、すでに幸せな生活を営まれたことは知っていましたから、写真の中の栗林中将に向かって、「中将、たこちゃんのことだけはご安心ください。この敗戦の日本にあっても、幸せな生活を送られ、そしてお孫さんの新藤義孝さんは国を思う政治家になられましたよ」と実はご報告申し上げました。

しかし日本がどんな国になっているのかということについては、ついに写真に語りかけることもできずに、今日までできています。

8　命のドラム缶

この写真を見て、ぼくにはさらなる小さな決心が生まれました。

「お前はただ硫黄島に行っただけではなくて、生き残りの方に会いに行け」ということを、天がお示しになっていると思いました。

ぼくは記者時代の人脈も使って、生き残りの方を探しました。

そうしますと、東京都武蔵野市吉祥寺に金井《かない》啓《ひろし》さんという、ひとりのご老人がお住まいになっていて、その方がわずかな生き残りのおひとりだということがわかりました。

それで連絡を取って、吉祥寺の金井さんのおうちに伺いました。

そして、ぼくは金井さんと3時間にわたってお話をしました。今日はその3時間の話をわずか10分でしないといけませんが、一番大事なことだけ申します。実は金井啓さんはとても穏やかな方で、3時間の間、大きな声を上げられることはなかった。

金井さんは硫黄島協会という団体を、自らのお金を出して、自ら苦労されてつくられています。硫黄島の戦友の遺骨について、政府は何もしてくれないから、自分たちの手で遺骨を取り返すために硫黄島協会を立ち上げられ、そこに私財をなげうたれ、事務局長をなさっている方だったのです。

みなさん、この金井さんのことは『ぼくらの祖国』（扶桑社）という本にも書きました。書きましたが、今日は時間はなくとも、いちばん詳しくお話ししたいと思います。

金井さんと話しているとあっという間に時間が来てしまい、3時間も座っていますから、ご家族にもご迷惑がかかっているので、そろそろぼくはお暇《いとま》しないといけないと思いました。

そしてぼくのほうからこう金井さんに申しました。

「金井さん、本当は今日はぼくは叱《しか》られに来たんです。60年以上も忘れておいて、いまさら何を訊きに来たんだよ、お前はと、叱られに来たのに、金井さんはお叱りにならない。ずっと我慢をしておられる」

……「だから我慢をなさる金井さんの代わりに、あえてぼくから申しましょう。ぼくも含めて、ぼくのような外交安全保障の専門家でさえも、硫黄島のことは忘れ果て、どこの大学でも教えない。どこの報道番組にも出てこない。しかしアメリカでは昨日のことのように記憶していて、だから毎年3月、日米の憎み合った兵士が自ら硫黄島に集うて、手をとりあって合同慰霊祭をやっている」

……「そのときにやってくるアメリカ軍の元兵士は、ご自分だけではなくて、子、孫、ひ孫に至るまで全部アメリカ国民の支え、すべての費用を税金から出してもらい、英雄として島に戻っている。

ところが金井さん、記録を見ますと、あなた様は毎回この3月の合同慰霊祭に参加されているけれど、すべて私費ですね。硫黄島協会も全部あなたの私財を投じましたね。この違いはいったいなんですか？」

……「わたしたち敗戦後の日本人は、アメリカと違う教育を受けています。すなわち、わたしたちのために戦った方々は悪者だったと教えられています。普通の日本国民なのに、悪者の日本軍だったということを、わたしたち日本国民が教わっています。だから悪者の応援なんかしなくていい、滑走路の下に閉じ込めたままでいい。暑い島に取り残しても構わないということになっています。それで合同慰霊祭に対する姿勢が日米でこんなに違ってしまっているんじゃないですか」

そうしたら、本当に小柄な穏やかなご老人でいらっしゃった金井さん——つい最近残念ながら亡くなってしまいました——がその時だけ大きな声を出されて、のどを振り絞って、「その通り！　どこが悪者なんだ！　お前らのために戦ったんだっ！」と言われました。

ぼくはもう時間も来ているから、お暇しようと思って、クルマに乗りました。そのとき、穏やかだった金井さんが急にぼくの腕をうしろから掴《つか》まれたのです。すごい力です。こんな小柄なご老人のどこにこんな力があるのかと思うくらいギュッと掴まれて、「青山さん、あなた、1日自由に島を回ったんだってね。硫黄島を全部自由に見たんだって？」と急におっしゃったので、「はい、金井さん、申し訳ございません。みなさんのような方々が回れないのに、ぼくは国民のひとりとして、見せていただきました」と言いましたら、「では、ドラム缶、ありましたか？」と訊かれたのです。

「地下壕という地下壕にドラム缶があったはずだ。ドラム缶、ありましたか?」と訊かれたのです。

ぼくはびっくりしました。

その通り、行ったすべての地下壕にドラム缶が立っていて、下は溶けて穴が開いていました。すべて真っ直ぐ立っていました――おそらく自衛官が真っ直ぐにしてくれたのだとぼくは思います。自然の状態であんなに真っ直ぐなわけはありません。

硫黄島は今朝も船内放送で申しました通り、硫黄の噴き出る暑い島で、小川の1本もありません。水のないところです。そこにたまにスコールが降ります。

「スコールをあのドラム缶に溜《た》めて、その水を飲んで戦われたんですか?」と訊いたら、金井さんが「その通り。あのドラム缶はな、あなたが言った通り、スコールを溜めたんだ。その水はあっという間にこの髪の毛」――金井さんはそうおっしゃって髪の毛に触られた――「この髪の毛、そして人間の皮膚、肉が、全部混じるんだ。周りでドンドン戦友が吹き飛ばされるから、ドンドンドンドンそのドラム缶の水に髪や皮膚や肉が混じるんだよ。しかしそれを飲むとね、甘露《かんろ》みたいにおいしかった、青山さん。あの水のお陰で、われわれは最後の最後まで戦うことができたんだ」

……「ところが目の前ではらわたが出ている戦友に、末期《まつご》の水、最後の水だと思って、そこから水を汲《く》んで戦友の唇に浸してやると、どいつもこいつも唇が火傷《やけど》して、プクーッと腫《は》れ上がる。俺たちは飲んでいるときは気が付かなかったけれども、本当は喉《のど》もただれている。壕の中は気温70℃だから、熱湯なんだ。甘い露みたいだと思って飲んでいたのに、本当は熱湯なんだ。だから、死んでいく戦友の唇に浸してやると、みんな大火傷をして、唇が腫れるんだ。だからわたしは生き延びて帰ってきて」。そこでいったん金井さんの言葉が途切れました。

金井さんがどうやって生き延びたか。

金井さんは総攻撃が終わったあとも地下壕の中で年若い兵も含めて、一緒に戦っていました。そしてアメリカ軍の攻撃が続くなかで、地下壕の天井に穴が開いて生き延びたのです。

それはどうしてかというと、金井さんの部下のまだ十代だった兵士がアメリカ軍の攻撃ではらわたが出た。栗林中将は「自決をしてはならぬ」とおっしゃっていて、総攻撃に出ていかれたから、その誓いを守って「自決だけはするな」とみんなで言っていたけれど、その少年兵がはらわたを触りながら、真っ暗な中で苦しんで苦しんで「小隊長殿、自決させてください！」と言うから、金井さんは思わず認めました。

そうしたらその少年兵が手りゅう弾を噛み切って、その爆発で上に穴が開いた。そこから光が差して、そしてもう本当は硫黄島の戦闘は終わっていて、アメリカの兵士が中を覗《のぞ》き込んできて、金井さんたちが見つかって、生き残った。

そうやって、生き残って戻られた金井さんは、こうおっしゃいました。

「わたしはなぁ、青山さん、あの唇の火傷した戦友の顔だけを思い出して、毎日毎日一杯の水をキリリと冷やしてね、真南に向かって捧げて祈ってきたんですよ。それだけの60年でございました」

みなさん、このにっぽん丸で航海してきまして、真南に向かって硫黄島に着いたことをご記憶ですね。

東京・吉祥寺から真南に向かって、あるいは日本のすべてのところから真南に向かって水を捧げれば、あの硫黄島に取り残された方々の喉に届くのです。

金井さんはだからどうしろということはひと言もおっしゃられませんでした。そしてぼくも、だからどうします、金井さんにそれを聞いたから、どうしますということは何も言わずに、クルマに乗り込みました。

そしてクルマの後ろの窓から金井さんの様子を見ていました。ぼくはたまたま目がとてもいいので、金井さんがぼくの小指くらいの大きさになったときの金井さんの顔まで、よく見えました。

金井さんのほうからはもうぼくは見えない。だから金井さんの顔に、ああ青山さんはもう見ていないという表情が浮かびました。

そのときになって、金井さんはキリリと帝国海軍の敬礼をなさった。

それまで「海軍は」とか「帝国は」なんてことは、ひと言もおっしゃらない謙虚なご老人でいらっしゃったのに、ぼくが見ていないとわかったら、そのときに初めて帝国海軍の正式な敬礼をキリリとなさいました。

「ああ、本当に美しい日本国民、誇りある謙虚な日本国民がここにいらっしゃる」と思い、自分がなにをしないといけないかということを、わたしなりに悟りました。

そのあと仕事ではないのに、こうやってみなさまに一杯の冷たい水のお話をするようになりました。

そうしたら、とても若い中学生からご高齢の方まで、一杯の水に氷を入れてキリリと冷やして、南に向かって祈ってくださる方が万を超えているようになりました。

そして、そのような方々の声もまた現在の安倍総理に届いて、滑走路を引き剥がしてでもご遺骨を全部取り返すという、安倍内閣の決定に実は至りました。

その背景にはこの一杯の水の運動が、運動ならざる運動、ぼくも含めて誰も大きな声で呼びかけないけれども、静かに広まったこの運動が実はあるのです。

もうちょうど時間を過ぎてしまいましたので、これで第2回講演会は終わりますが、明日の第3回講演会は、では一杯の水を捧げることに加えて、これからわたしたちが何をすべきなのか、遺骨を取り返しただけでそれで終わるのかということを、「海から祖国は甦る」というタイトルを思い出していただいて、改めて少し範囲も拡げてお話をしたいと思います。

明日こそ、翌朝の5時までやりますから（会場爆笑）。覚悟を決められておいでになることをお待ちしています。

みなさん、どうぞ楽しく食事をなさってください。健康な日本国民として最後の最後まで役割を全うするためにも、どうぞ楽しくお食事をなさってください。

英霊の方々のためにもよいお食事をお楽しみください。

みなさん、ありがとうございました。

第8部　腕のなかで少女に戻る

硫黄島クルーズ連続講演　第3回
西暦2014年、平成26年、皇紀2674年5月29日木曜　10:45

1　第二次安倍政権に危機ありき

みなさん、こんにちは。いまご案内がありましたとおり、クルーズもあと1日だけですね。

したがって、本当に充分に楽しんでいただきたいと思います。

ぼくの第3回講演会は、今度こそもう誰もいらっしゃらないんじゃないかと心配しながら、いまカーテンの後ろで「もしそうでも仕方ない」と半ば諦めの境地だったのですが、こうして会場に入りますと、皆勤賞の方々も見えて、たくさんの方においでいただき、ありがとうございます（満場の拍手）。

最終回ということで改めてご紹介いたしたいと思いますが、皆勤賞のみなさんがこちらにいらっしゃいます。

その皆勤賞の方々のなかに、すぎやまこういち先生ご夫妻がここにいらっしゃいます。すぎやまこういち先生は、昔はザ・タイガースなどの大ヒット曲の作曲で有名でいらっしゃいましたが、いまは『ドラゴンクエスト』の挿入曲も作曲されて、若い方のアイドルになっておられます。ぼくの長男・次男も大ファンです。そして国士でいらっしゃいます。この船には、お忙しいスケジュールを奇跡的にくぐり抜けられて、不肖ぼくと話したいとおっしゃって乗船してくださいました。

すぎやまこういち先生ご夫妻に加えて、たくさんの方に3回連続でお聴きいただいています。

この第3回講演会、やっぱり朝の5時まで本当はやらないと終わらない気もするんですけれども（会場爆笑）、船の側はちゃんとそれを見越していらして、今日は元に戻って、お昼ご飯前の時間帯です。

講演を延長するとみなさま、この航海で最後のお昼ご飯がお預けになってしまうということで、今日も正午には終わりたいと思います。

第3回講演会が初めてという方もいらっしゃるかもしれませんが、すみません、第1回と第2回講演会のお話は繰り返しません。昨日は夜明けと同時に硫黄島に着きました。そして午前8時に操舵室《そうだしつ》から船内放送をいたしましたが、マイクの個性もあって、ときどき声が途切れたようです。

別に宣伝するわけじゃないんですが、この硫黄島の航海でみなさまと出会ったこと、そしてぼくの拙《つたな》い話を通じてみなさんと一緒に何を考えたか、本にして出版される予定です。船内放送もすべて収録して出しますので——これはいつも、言うなと言われるのですが——立ち読みでもいいですから、手にとってみてください。

船内放送で主に申したのは、実際に硫黄島の戦いで何があったのかということです。アメリカの海兵隊の将兵が島へ上がってきた黒い砂浜の海岸を間近に見ながら、わたしたちの先輩2万1千人がどう迎え撃ったか。アメリカ軍の本来の作戦計画ではたった5日間で全島が占領される予定でした。そしてその硫黄島を利用してどんどん本土への爆撃が増えて、女性や子供がたくさん殺されるはずでした。ところが先輩方は36日間も耐え忍ばれ、いわば31日分、本土への爆撃が遅れたのです。

その具体的な戦闘の模様を船内放送では主にお話しいたしました。声が途切れてお聴きになりにくい方々がいらっしゃったのは、とても悲しいんですけれども、正直言いますと、あの真っ黒な砂浜と火口がふっ飛んだ摺鉢山《すりばちやま》を見ながら話をするのは、あまりにむごいことだったのかもしれません。

ひょっとしたら、あの不思議な晴れた空——天気予報でも船長の予想でも悪い天気でしたから、それを打ち破ってのあの晴れた空——は、天が少し配慮をしてくださったのかなと思わず考えました。

さあ、本題です。

第2回講演会では7年前の5月、第一次安倍政権で松岡利勝農林水産大臣（当時）が自決をなさった翌日に、今回みなさまに話した内容の多くを安倍総理にお話ししたことをお伝えしました。

そしていまの安倍総理と違って、いわば弱っていたころの安倍総理でいらっしゃいましたが、非常に不機嫌になられて「どうして硫黄島の話なんだ」と怒って部屋を出て行かれたことをお話しししたと思います。

安倍さんとぼくは同年配ですが、安倍さんは60代の半ばも過ぎてから復帰したほうがいいとぼくは思っていました。

第一次安倍政権は実はいくつも歴史的な成果は残しているのですが、辞め方は無残でありましたから、国民の気持ちを考えると、もっと時間をかけるべきだと思いました。

でもそれはぼくの間違いでした。

安倍さんは強い意志で再登板なさいました。そして、復帰してもうずいぶん時間が経ちました。時間が経ったから言えることを正直に申しますと、いまから1年ちょっと前、つまり去年（2013年）の4月、総理は体の具合が悪くなってきました。

国難を招いた民主党政権のあと、なんとか立て直したいという安倍さん自身の強い気持ちが先に行きすぎたのかもしれません。病気ではありませんが、疲労によって具合が悪くなって、ぼくも周りも実は秘かに大変心配したのです。

実は今年（2014年）の4月にも、別の理由から政権の先行きを心配しましたが、その1年前の4月に、第二次安倍政権としては最初の危機を秘かに感じたのです。

これはちょっと余談です。去年ではなく、今年の4月に何があったか。

今年の4月、消費増税がありました。なんとそこに中国共産党が「内閣支持率がきっと下がるだろう」と狙いを定めていました。

内閣支持率が下がれば「集団的自衛権の容認反対」という動きを自民党のハト派、実態は親中派、親韓派、親北朝鮮派のなかから起こさせて、安倍政権を崩壊させ、違う総理に代えるという運動を先月（2014年4月）、中国共産党が熱心にやりました。

「ひょっとして辞表も胸に入れているのではないか」とぼくは思ったときもありました。今日は政局の話をする時間はないので簡単に言いますと、消費増税は現在落ち着いていますよね。だから中国の狙いは失敗したのです。

ただ、ぼくは政権にこう伝えました。

「この結果は内閣のおかげだというふうに思い込まないでいただきたい。わたしたち民間の側が、消費増税前に、自動車や住宅といった高額商品を買うよりも消費増税をしたあとに買ったほうが有利になるように、得をするように努力をしたおかげです。いわば消費者と民間企業がコミュニケーションを取って、需要の落ち込みを最小限にしました。そのために経済がいまのところは落ち込んでいないのです。それで内閣支持率は下がらず、中国の狙いも失敗しました。あくまでも民間が引っ張っているということをお忘れにならないように」

余談はここまでで話を元に戻すと、去年の4月は安倍総理、また体の具合が悪くなって、ひょっとしたら……という要らぬ心配までしました。

そのさなか、去年の4月はじめのころ、安倍総理は1日だけ休みが取れることがわかったのです。4月14日の日曜日でした。ぼくは人づてにそれを聞いて大変喜びました。政治家というのはやはり大したもので、1日休めばかなり元気になります。安倍総理は東京・富ヶ谷に自宅があって、あの有名な奥様と一緒にお住まいです。本当に仲いいんですよ。4月14日に昭恵さんとおふたりで1日ゆっくり過ごされて、だいぶ調子を取り戻されると思ったんです。

そうしましたら、かつて松岡農水大臣が首を吊《っ》ったときに「青山さんと会う約束だけは総理は変えないよ」と、ぼくに連絡をしてきた同じ人から――いまその人は総理官邸のど真ん中にいます――また電話がありました。

嫌な予感がしました。

そうしたら「青山さん、実は安倍総理はせっかく休みが取れたのに、休まずに硫黄島に行こうとしてるんです」と。

「あんたが、前になんか硫黄島のことを話したんだろう。そのせいだ」というニュアンスでした。ぼくも大変びっくりしました。

というのは、みなさまがご覧になった硫黄島、今朝、船長からのお話にもありましたが、気温が30℃だったそうです。ところが硫黄島の中に入ると、いまは残念ながら立ち入り禁止でみなさんは海から眺めるにとどまりましたけど、実際に島に上がると島中から硫黄が噴き出していてもっと凄《すさ》まじい暑さなのです。

地面から這《は》い上がってくるような暑さが全土を覆っています。島のあちこちで水蒸気が噴き出ていて、地獄のような光景です（㉒頁写真㊶参照）。そこに去年の４月、あの体調不良になった――過去形です。いまは本当に元気になられました。そこは安心してください。だからいまお話しできるのです――安倍総理が行こうとなさった。

ぼくはふだん安倍総理に伝えたいことがあっても、とくに第二次安倍政権ができてからはなるべく電話だけにして、表に目立たないよう、会いに行くことはしないようにしていました。しかし安倍総理がわざわざ休みを返上して硫黄島に行かれるというので、あのときだけは、必ず顔を見て話さないといけない、場合によっては止めないといけないと思ったのです。

その総理官邸のある方がおっしゃったとおり、ぼくが安倍さんにかつて硫黄島の話をした責任がありましたので、無理を言って時間を空けてもらって、安倍総理に会いに行きました。

2　築かれていた決意

もう終わったことだから正直に言いますが、安倍さんはちっちゃなドアからぼくのいた総理官邸の小部屋に入ってこられて、椅子に崩れるように座られました。

そして手で顔を覆っておられる。

テレビカメラの回っていないところでは、当時はそれが実情でした。ぼくは向かい合うというより、安倍さんの横に座りました。横から安倍さんの顔を見ていたわけです。

要するに、廊下を歩いているときはテレビカメラが撮ってニュースで出しますから、颯爽《さっそう》とされている。背も高くて髪も黒々、そのカッコいい姿を見せながらぼくが待っている部屋に入ってきたときには、椅子に崩れるように座って、顔を覆って何もおっしゃらない。それを見たぼくは胸を衝《つ》かれました。病気ではなくて単に疲労ですが、やっぱり６年前の悪夢も甦《よみがえ》りますから。

でも自分を励まして「総理」と大きな声を出しまして、「14日の日曜日はご自宅でゆっくりなさってください」と言いました。そうしたら安倍さんは覆っていた手を取って「いや、今日は硫黄島の話を聴きたい」とおっしゃいました。

ぼくは驚きました。

第２回講演会で申し上げたように、７年も前の昼ご飯のときのたった１時間足らずしか硫黄島の話をしてないのです。そしてそれを聞いた安倍さんは怒って出て行ったのです。そのあと総理の辞任とか無残な出来事がたくさん起きて、安倍さんはもう硫黄島のことなんか忘れているとぼくは思っていたのです。

ところが忘れているどころか、総理の側近によると、野党時代にずっと調べていたそうです。本当に硫黄島の滑走路の下にも英霊の方々が閉じ込められていらっしゃるのか、あるいは島のほかのところにはどれぐらいいらっしゃるのかを調べ上げておられた。

そして安倍総理は「青山さん、あなたが言ったとおり、お金がかかっても硫黄島の英霊を取り戻すことをやるよ」とはっきりおっしゃったのです。

そのとき「このタイミングで言わねばならない」と腹を決めて、「総理、では硫黄島に行くだけじゃなくて、そのあと何をなさるかが問題です。防衛省と厚生労働省が角を突き合わせてきたのはご存じですね」と問い質《ただ》しました。

これは、防衛省や厚労省の悪口を言うのではなくて、日本の縦割行政の弊害がここにも出ているという事実です。ご遺骨の収集というのは、みなさんご存じのとおり厚労省の管轄です。でも硫黄島には防衛省の自衛隊の基地があります。

お互いにその仕事を取りに行くのならいいのですが、お互いに押しつけ合っていて、防衛省は「ご遺骨の収集だったら厚労省の予算でやれ」と言い、厚労省は「これは防衛省の問題だから防衛省の予算でやれ」と言って、予算の押し付け合いをしている。

ぼくは理解もできるのです。硫黄島のご遺骨収集には概算で４００億円から５００億円がかかります。

ご遺骨を閉じ込めているひとつが、これまでお話ししたように滑走路です。それはたった今、使っている滑走路だからこそ毎日毎日、わたしたちの英霊が飛行機の下敷きにされているわけです。それを引き剥がすということはどういうことか。あのみなさんがご覧になった硫黄島にはまだ広い土地がありますから、そこに新たにまず基地をつくらないといけない。

本当は滑走路の下だけでなく、岩陰にも草の下にもたくさんの英霊がいらっしゃいます。その英霊の方々のご遺骨を丁寧に拾い集めて、全部これできれいに取り尽くしたということを充分に確認したうえで初めて工事に入れます。そしてそこに新たに滑走路を敷き、新しい建物を建てて、海上自衛官も航空自衛官も全員が移って、やっと現在の滑走路を引き剥がすことができるのです。

だからすべてを合わせると、時間にしてだいたい10年間、費用は４００億円から５００億円はかかります。

そんな大金があるのなら当然、自衛隊は、例えば新しい潜水艦をつくる資金にしたいと思います。厚労省も鳥インフルエンザ対策などいろいろやるべきことがあります。お金をそれらのことに使いたいと思うのは、出てきて当然の意見でもあります。

したがって、ぼくは安倍さんと向かい合っているとき、この押しつけ合っている状況を「総理のリーダーシップで打ち破るしかない」と僭越《せんえつ》にも申しました。

それを聞かれた安倍総理が決然と「ああ、官邸でお金を出すよ」とおっしゃり、「500億円かかるとしても、10年間かかるのであるなら、逆に1年間あたり50億円をなんとかひねり出すことを考えればいい。それだったら内閣官房のお金でなんとか予算を立ててみせる」と言われました。ああ、安倍さんは本気でご自分の頭で考えているなと実感しました。

安倍さんに対していろんな感情や意見はあるでしょう。

ただ、潰瘍性大腸炎にずっと苦しんできた人だけあって、ご家族の気持ちに立ち、拉致被害者を全員生きたまま取り返そうとするように、硫黄島に閉じ込められた英霊の気持ちを大切にし、亡くなっていてもわたしたちの先輩を取り返したい、人の痛みは和らげてあげたいという安倍さんの気持ちは本物です。

世界を通じても政治家には珍しいことだと思います。ぼくは仕事柄、世界を回って、いろいろな政治家に会っていますから。

病気というものの苦しみが、人間をいかに成長させるかということだと思います。第一次政権で無残な失敗をしたのも、安倍さんには充分な肥やしになっています。

3　天に背いて

みなさん、菅直人さんという総理を覚えてらっしゃるでしょう？

意外かもしれませんが、ぼくはふだん「菅ちゃん」と呼んでいます。みなさんは、青山は菅さんと取っ組み合いの喧嘩《けんか》でもしていると思われたかもしれませんが、第1回講演会で申しましたとおり、ぼくは共同通信政治部の記者を長く務めましたので、菅さんとも鳩山由紀夫さんとも、たとえ宇宙人であろうが長く付き合っています。

その人のいいところをなるべく見て、いまも喧嘩をしながらもお付き合いをしています。

菅さんや鳩山さんが総理をなさっているときには、そういう人たちに向けても、ぼくは一生懸命に硫黄島の話をしたのです。安倍さんだけに話をしたのではありません。

そうすると、菅さんが何をなさったかご存じですか？

菅さんはまず役人に命じて硫黄島に残されたご遺骨の調査をさせたのです。みなさんは意外に思われるかもしれないですが、菅さんは頭いいんですよ（会場笑）。

やっぱり人間はこういうことをしたら失敗するなと思うのですが、つまり難しい滑走路の引き剥がしは全部見て見ぬ振りをして、島のほかのところにもたくさんの英霊がいらっしゃる、菅さんはそこの調査だけをやるという予算を取ったのです。

そうすると、実はご遺骨は簡単に見つかるのです。

例えば、昨日みなさんに見ていただいた摺鉢山です。第1回講演会で話しましたが、日本軍が敷設していた水道管の先に星条旗を付けて、アメリカ軍の兵士が摺鉢山に立てました。それを撮った写真はとても有名です。ワシントンDCには、その写真をもとにした記念像も立っています。

日本人の若い観光客は学校で何も習ってないので、そこでニッコリ笑いながら像の前で写真を撮っています。

海兵隊の上陸が始まって、最初の部隊は摺鉢山に上がっていきました。見晴らしができる山はあそこしかありませんから。

それを迎えた日本軍――というよりも、わたしたちの先輩の普通の庶民――は銃を持って、なんとかアメリカ軍が上がってくるのを防ごうとしました。こちらは2万人ちょっとしかいなくて、向こうは11万人です。

だからアメリカ軍が旗を立てるために摺鉢山を上がっていくときに、ものすごい数の日本の方々が殺されました。アメリカ兵はそのご遺体のほとんど全部を蹴落としたんです。実際に登ると結構急峻《きゅうしゅん》な山ですから、転がり落ちていかれます。そしてむごい話ですけど、硫黄島は――すいません、昼ご飯前なのでぼくも本当は遠慮したいんですが――気温がものすごく高く、水のないところですから、あっという間にご遺体が悪くなるのです。

それが原因で伝染病があの小さい島で流行り出したら、アメリカ軍もバタバタと倒れていきます。

したがって、摺鉢山の根本のところに大きな穴を掘って、そこにご遺体を蹴り入れたんです。その事実を菅さんは調査で見つけたのです。「ほら、こんなに簡単に見つけたぞ。滑走路なんて手をつけなくても大丈夫なんだ」と。

これははっきり言うと、国民に真実を知らせないままウケ狙いでやる、やり方ですね。

例えば最後のひとりまで取り返すことだけが拉致事件の真の解決なのに、目立つところだけやればいいという考え方と同じです。

そういういわば調子のいいことをやると、天が味方をしてくれません。

菅さんや民主党が悪いということよりも、天は人間の生き方をちゃんと見てらっしゃるのです。ぼくは心からそう思います。

ただ、そのとき、ぼくがいちばんショックを受けたのはこれとは別のことでした。菅総理も周りの役人――いま安倍政権にくっついている役人も「アメリカのワシントンDCで調査をしたら、アメリカ海兵隊は戦闘のさなかでもきちんと英霊を弔ってくれたことがわかった」と言ってきたことでした。

なぜかというと、ワシントンDCで見つけた史料には「Enemy's Cemetery」と書いてあります。英語で申し訳ないですが、「Enemy」とは日本語で「敵」ですよね。「Cemetery」というのは「墓地」のことです。「敵の墓地」と正式に書いてあるからきちんと墓地をつくって弔ったんだ。だからそこから遺骨を取り返せばいいんだ。役人も菅総理もそうおっしゃったので、ぼくは開いた口が塞《ふさ》がりませんでした。

「Enemy's Cemetery」という文字は、ぼくもずっと前からワシントンDCで見ていましたが、これ、当時のアメリカ軍人の、よろしくないジョークなのです。みなさんはわかりますよね？

アメリカ人一流のジョークです。

これは戦闘中のことですから、ある意味やむを得ません。一般人を巻き込んでないので戦争犯罪とは言い切れません。硫黄島の戦いは沖縄戦と違って、一般人の被害はありません。だから、その戦闘中に伝染病の発生を避けるために、ご遺体を足で蹴り落としたのです。

それをわざわざ英語で「敵兵に墓地をつくった」という言い方をして、史料にも書き込んだ。実にアメリカらしいやり方であって、彼らにとっては単なるその場でのジョークにすぎないのです。

アメリカが硫黄島の英霊に敬意を持ってくださったのは、戦争が終わってからです。あの硫黄島で戦った日本の庶民は、アメリカの軍人と変わらない勇気と祖国愛を持っていたということで、先に申し上げたとおり、毎年3月に合同慰霊祭をやっています。しかしながら、戦いの最中はいわばジョークで「敵兵の墓」と名付けたのです。

それを、わかっているのかわかっていないのかは知りませんが、厚労省の役人は英語が不得手かもしれないけど外務省の役人は理解しているはずなのに、時の総理におもねって「そうです。これは敵兵のお墓なんです。だからここを掘ればご遺骨はたくさん出てきます」と進言したのです。

なんという話かとぼくは思いました。

しかもそこから1千を超える人々が出てこられても、それを故郷にきちんと帰すことができなかった。すでにもう60数年経っていますから、どなたのご遺骨かもわからないままに千鳥ヶ淵の無名戦士の墓に本当は入っていただいたのです。

先日、ケリー国務長官とヘーゲル国防長官、アメリカ合衆国の外務大臣と国防大臣が千鳥ヶ淵に行きました。

これも、本当はこのことが背景にあるのです。アメリカ人はずっと硫黄島のことを忘れずに覚えています。だから硫黄島で戦った方々が新しく行かれた千鳥ヶ淵ということも、今回の異例の墓参の背景のひとつなのです。

話を元に戻しますと、そのとき菅政権は滑走路の下はほぼ完全に無視をしました。少し調査をするふりをしましたけれども、滑走路の縁のところをやっただけです。滑走路のど真ん中の下にも、本当は地下壕《ちかごう》ごと日本の英霊の方々が閉じ込められたままになっています。そのことは調査しませんでした。調査が難しくて、調査だけでも予算が掛かるからです。

第二次安倍政権になってから、滑走路の下の調査がやっと最新の工法を使って行われ、実際にまだ数は特定できないけれども、おそらく多くの方々がそこにもいらっしゃるということがわかりました。

いまは滑走路の引き剥がしが本格化する、ちょうど入口です。

4　私心を捨てる日本の文化

祖国の主人公は安倍さんでも菅さんでもありません。ぼくたちだけが主人公です。それが日本のすごいところです――中国の名前を先ほどちらっと出しましたが、中国がどんなに大きな国になっても主人公は共産党です。

日本はアメリカに負けて民主主義を教わったのではなく、昔からわたしたちが主人公の国なのです。

同じ人間でいらっしゃる天皇陛下というご存在を、わたしたちが育んできて、天皇陛下が真っ先に自ら「私」を捨てられるのが、日本の根幹です。

私心を捨てられるという生活をされてきたから、例えば京都御所——本来の陛下のお住まい——には、お堀もなければ、砦《とりで》もなく、何も守るものがありません。それどころか塀が低すぎて陛下の本来の唯一のお住まいの中が見えてしまうくらいです。

世界中の皇帝・王様は自分たちを守って守って、住まいの中など絶対に見せないのに、日本の天皇陛下だけお住まいの中が守りもなく全部見えてしまう。

どうしてか？

日本の天皇陛下は同じ人間でいらしても、真っ先に「私」を捨てる——私心を脱するということをなさいますから、世界で唯一の国民に襲われる心配がないエンペラーでいらっしゃるからです。京都御所の本当の意味はそこにあります。

教育の再建とはこういうことを知るのをいうのであって、何気なく見るもののなかに、本当はわたしたち日本国民が２千年を超えて育んできたものがあるということを考えれば、アジアのお役に立つこともできます。

一瞬、話がそれるようでそれないんですが、ぼくは神戸の生まれです。

神戸はいまから19年前に阪神淡路大震災があって、６千４３４人が殺されました。そのときの総理、村山富市総理は被災地を突っ立って歩かれ、それを見た神戸市民は怒りに震えました。

いまは東京都民のぼくのところにも、親戚や友達から「お前は政治記者（当時）だそうだけれども、村山総理に言ってくれ。人を見下して急ぎ足で歩いていったい何様のつもりなんだ。こんなんじゃ復興も手に付かないと」と言われました。みんな怒り狂ったんです。

しかし天皇皇后両陛下が神戸に来られたときは、すでに陛下は両膝がお悪く、痛みがおありでした。皇后陛下の首の痛みもとっくに始まってらっしゃった。公表してなかっただけです。

それなのに、お膝を曲げて屈《かが》まれて、被災者と目を合わせてくださった。どれほど被災者が救われたでしょうか。

それは東日本大震災でも同じことが起きました。

また菅さんの話で菅さんには申し訳ないのですが、菅さんが東北を回ったとき、あの穏やかな東北の方々がテレビカメラの回っている前で思わず「総理、そんなに急いでどこへ行きますか。それでわたしたちの暮らしがわかるんですか」と怒りに耐えかねておっしゃいました。

ところが天皇皇后両陛下が、今度は膝のお痛みも首のお痛みも隠しようがないぐらい悪化されてらっしゃるのに、またこうやって屈んで、被災者と目を合わせてくださった。ぼくは震災のあとずっと東北を回っていますが、「あのあと、どんなに救われたか」という話をあちこちで聞きました。

日本にはいろんな考え方があります。

でも、天皇陛下と皇后陛下がこのような振る舞いをなさるときに、それは「そうしたほうが国民の受けがいいから」とか「やっぱり日本では天皇陛下のほうが内閣総理大臣よりいい人なのだと思ってもらいたいから、そうなさった」と受け取る人がいますか？

違いますね。ご自分のことなんか何も考えてらっしゃらないということを、日本国民なら立場と意見の違いをごく自然に乗り越えて、みな知っていますね。

ただただ「あなたが大事なんです」、「あなたが日本の主人公なんです」ということを陛下ご自身が示されています。

今上陛下は１２５代目でいらっしゃいますが、長い長い歴史のなかで天皇陛下も人間でいらっしゃるからいろんなことがありました。わたしたち日本国民はずっとぶれずに自分のことよりも人のこと、普段はエゴイストで私心いっぱいでも、いざとなったら自分のことより人のことを大事にするという文化を築いてきました。

その文化の象徴が天皇陛下でいらっしゃる。

話を元に戻しますと、菅政権がやろうとした、難しいところは避けて通る、そこに役人がくっつくというのは、本当はわたしたちの根幹の生き方を忘れていることです。

逆にいえば、硫黄島の英霊を取り戻すというのは、単に戦争の思い出話をすること、あるいは戦争を美化することではありません。

戦争は殺し合いです。ぼくは旧ユーゴ戦争やイラク戦争の戦地を歩きました。そして、例えばともに行動したアメリカ陸軍の軍曹も死にました。目が本当にきれいだった20歳前後のアメリカの若者、なぜか話をして楽しかった奴ばかりが死んでしまいました。

旧ユーゴやイラクで、ここでは言う気になれないほど酷《むご》いものも見ましたから、戦争がどんなにひどい殺し合いかということはよく理解しています。

そのうえでこのような硫黄島の話をするというのは、戦争を美化するためでは、ゆめ、ありませぬ。戦争の思い出話をするのではなくて、わたしたちの根っこの生き方をもう一度考えるということです。

安倍総理は持病があるために、生徒、学生、神戸製鋼の社員時代を通じてずっと授業中や会議中にトイレに駆け込まないといけない生活を続けてきたから、ただのお坊ちゃまじゃなくて、人の痛みがわかる、拉致被害者や英霊のことがわかる人になったのです。

だからこそ、いまの政権があるうちに滑走路の引き剥がしの仕事だけはどうしてもやってもらわないといけません。

安倍さんはあくまで代理人にすぎません。

そのお尻を叩《たた》くのは、日本国の主人公のぼくらです。

立場の違いを乗り越えて、天皇皇后両陛下のなされ方を育んできたわたしたちの力で、硫黄島も遺骨を取り返すだけではなく、修学旅行や成人教育の人たちが訪れる島にしたいと、ぼくは願うのです。

5　本当は忘れられている沖縄戦

そのうえで本当に残った時間はわずかですが、ちょっと硫黄島から先の話をしたいのです。硫黄島が何につながっているかという話をしたいのです。

硫黄島の戦いは、昭和20（１９４５）年3月26日に栗林中将以下の総攻撃をもって一応組織的には終わりました。つまり、日本は2千数百年の歴史のなかで初めて、この日、領土を外国に奪われました。

そしてこの同日、アメリカ軍が侵攻の準備としてどこに上陸したかというと、沖縄県の慶良間諸島《けらましょとう》です。沖縄戦の開始は、まさしく硫黄島陥落に続くものだったのです。

では沖縄戦では何が起きたのか？

最も硫黄島と違う無残な事実は住民の疎開がなかったことです。およそ千人余りの硫黄島の住民は、栗林忠道中将の英断によってすべての方が、みなさんとぼくが一昨日訪れた父島を中心に疎開をしました。あるいは本土に帰った方もいらっしゃいます。だから硫黄島ではわたしたちのような一般人は、誰ひとり、戦闘に巻き込まれませんでした。軍属と言われた人は別ですが、そうでない人は誰も犠牲になりませんでした。

ところが沖縄戦では、悪者にされている陸軍の牛島満中将も県民を避難させようとしたのです。しかしいかんせん、県民の数が多すぎて疎開はできませんでした。

沖縄では「ヤンバル」と呼ぶ本島、北部のほうにわずかな方々に移動していただいただけで、あとは子供たちも高齢の方も女性も、ほとんどが戦闘に巻き込まれてしまい、沖縄戦の悲劇が起きました。

したがって、今回のクルーズとある意味で似ているのは、沖縄は観光地でダイビングスポットはすばらしい、青空がすばらしい、海がすばらしいと沖縄に行っても、沖縄県民と本土の日本国民との気持ちのズレがあるのです。

それは普天間基地問題であったり、自衛隊の存在も含めていつも対立があります――

本当は言われるほどひどくないのですがメディアが誇張しすぎです。

しかし沖縄と本土の食い違いはいまにも確実に残っています。それが沖縄戦なのです。もう一度言いますが、アメリカ軍は計画どおりに硫黄島を占領できたので、次は沖縄に向かいました。その沖縄戦で何があったのか？

実はぼくは、たまに沖縄でこうやってお話をするのですが、あるとき聴衆のなかからひとりの労働組合の幹部の方が走ってこられて、そして首じゃなくて正確に言うと、顎を絞められ、「これ以上話すな」と言われました。

ぼくは場所によって話を変えたりはしませんから、沖縄で話すたびに「沖縄戦のことを沖縄県民も本当はご存じではいらっしゃらない」、「沖縄戦で沖縄県民が被害者で、本土のわたしたちが加害者だったということはない。同じ日本国民として立場の違いを乗り越えて、アメリカ軍の侵略を沖縄だけで食い止めようとしたのだ」と申し上げています。それが本当の沖縄戦ですから。

今日、みなさんが静かに聴いてくださるのと違って、ヤジ・怒号の嵐は何度も経験しています。しかし実力行使があったのは、あのときの沖縄だけです。

この連続講演会のレジュメの「海から祖国が甦る」と演題が大きく書いてある下に、「わたしたちが置き去りにしてきたものは何か」と記しています。

そして硫黄島のことがずっと書いてありますが、その下に「沖縄の『白梅の塔』に何を学ぶか」と記してあります。

ぼくのこの顎に手をかけた労働組合の幹部の方は「お前は『沖縄戦のことを実はウチナンチュ（沖縄県民のこと）も知らない』と言いながら、ひめゆりの塔をこうやって間違えて書いているじゃないか！　なんだ、このシロウメの塔というのは！」と声を荒らげておっしゃいました。

それに対してぼくは「これはシロウメじゃなくてシラウメの塔です。申し訳ございませんが、沖縄県民の方でも沖縄戦のすべてをなかなかご存じないということを、あなたがいまおっしゃったんですよ。これはひめゆりの塔とはまったく別のものであり、同時に同じものです」と答えました。

何を申しているかと言うと、硫黄島の戦いで2万人殺されたあと、アメリカ軍は勢いづいて、沖縄の慶良間諸島、そして沖縄本島の南部に上陸して、わたしたちの先輩が、

にっぽん丸　小笠原・硫黄島クルーズ

２０１４／０５／２６・／０５／２８・０５／２９

講演レジュメ　　青山 繁晴

独立総合研究所（独研）代表取締役社長・兼・首席研究員

▽文科省参与
▽内閣官房・国家安全保障会議（ＮＳＣ）創立の有識者会議・委員
▽経産省・総合資源エネルギー調査会専門委員（エネルギー安全保障／核セキュリティ担当）
▽海上保安庁・政策アドバイザー
▽総務省消防庁・消防審議会委員
▽防衛省・幹部研修講師
▽総務省・消防大学校講師
▼近畿大学・経済学部客員教授（国際関係論）

海から祖国が甦る

わたしたち置き去りにしてきたものは何か

（１）　わたしたちが６０年以上、忘れていた領土とはどこか。
a.　思い出させてくれたのは、誰だったか。
b.　防衛庁（現・防衛省）とどんな交渉があったか。
c.　どうやって島に入ったか。
d.　島に入る途中で何が起きたか。
e.　島に入った最初、何があり、何をしたか。
f.　島で１日、何を見たか。
g.　翌日、どこへ行き、誰に会ったか。
h.　別れ際に何があったか。
i.　そこから何が始まったか。
j.　安倍総理に何を語ったか。
k.　短くはない歳月のあと、今度は安倍総理が何を語ったか。
l.　これからどうする、これからどうなる。
m.　それらを実行すれば、何が変わるか。
（２）　沖縄の「白梅の塔」に何を学ぶか。
（３）　真の教育とは何か。

わたしたちは、ありのままの日本を知っているか

Ａ．日本は、ほんとうに資源小国か。
（１）　アメリカ、中国、韓国、インドといった諸国は日本を「資源小国」とみているか。
（２）　第四の埋蔵資源（新資源）とは何か。実用化は可能か、どれぐらい時間が掛かるか。
Ｂ．日本は、ほんとうはどんな領土を持っているか。
（１）北方領土とは４島のことか。竹島、尖閣諸島をめぐる公平な事実は何か。
（２）ロシアから見た北方領土、韓国から見た竹島、中国から見た尖閣諸島は今、どんな島か。
Ｃ．日本は衰退するか、再興するか、新生はあるか。アジアと世界での真の役割は何か。

1

「にっぽん丸　小笠原・硫黄島クルーズ」で実際に配られたレジュメ

まさしく硫黄島を上回る規模で北海道から九州まで、そして地元の沖縄のたくさんのわたしたちの先輩が沖縄で戦って、頭が割れ、はらわたが飛び出た。これを看護してくださったのは、まだ恋も知らない15歳、16歳、17歳の当時の沖縄の女学生たちです。

その女学生たちのことをいまは「学徒看護隊」と言います。学徒はいまで言うと生徒のことです。

ひめゆり学徒看護隊を慰霊するひめゆりの塔には、みなさんのことだからほとんどの方は行かれているんじゃないでしょうか、塔の建てられたところには少女たちが自決なさった壕があって、見事なまでに観光地になってしまっています。

ぼくは少女たちの気持ちになるとたまらなくもなるのですが、でも沖縄にとって、観光は大事な産業です。ひめゆり部隊はまさしくそこで自決をなさったんですが、それは沖縄の県立第一高等女学校と沖縄師範学校女子部の学生たちでした。当時の沖縄で最高のエリートの女学生たちがつくった部隊がひめゆりの部隊だったのです。

ところが、学徒看護隊は全部で九つあったのです。ぼくもまったく知りませんでした。ぼくの通った中学校・高校はキリスト教の学校です。母方がキリスト教の武家ですから。

だからひめゆりの塔は、ぼくも中学時代に学校で連れて行かれました。

しかしほかにも八つ、全部で九つあって、そのなかで覚えられているのは沖縄県民にとっても、日本国民全体にとっても、ただひめゆり部隊だけで、あとは全部忘れられているのです。これはぼくもまったく知らなかったのです。

6　白梅の塔に教えられたこと

沖縄県立第二高等女学校の女学生でつくっていたのが白梅学徒隊です。

「白梅」というのは第二高等女学校――「二高女」と言いますが――の学校のマークでした。

そしてほかにも県立第三高女、私立の女学校、さらには農業専門の女学校の学徒看護隊にも、やはり自決のあと、自決の塔があるのですが、訪れる人もなく荒れ果てているところがあります。

一方で白梅の塔のように、わずかに生き残りの方がいらっしゃって――当時15歳がいまは80歳代でいらっしゃいますが――一生懸命に腰を伸ばして、塔の周りを丁寧に清掃されているところもあります。清潔に保たれています。

でも、誰も来ないという場所が、あの沖縄の戦跡のなかにあります。実はいまだに沖縄の地元のタクシーの運転手さんでも、少なくない方はこの白梅の塔をご存じないです。

ぼくが最初にここと出合ったのは、26歳のときです。硫黄島に出合うはるか昔です。およそ18世紀半ばです、そんなことはありません（会場爆笑）。そんなこと言ったら、ぼくは３００歳を超えちゃいます。

実はぼくは慶應を中退して早稲田を卒業しました。ひとりで早慶戦をやって、親に勘当されました（会場笑）。それもあって、人より大学卒業が遅くなったのです。

大学を卒業するとき「どこにも就職できない」と思っていたら、共同通信という報道機関に出合いました。でも面接試験で当時の編集局長と怒鳴り合いになって、きっと落ちたと思ったら、なぜか入れてくれました。

そして最初の夏休み、もう26歳になっていたとき、社会人になって初めての夏休みに「沖縄に行こう」と思ったのです。

実際に沖縄に行きました。1年生記者で当時は安月給だったのですが、沖縄はとても物価が安い。いまでも安いですよね。いまでも東京・大阪から比べると、沖縄はずっと安いです。

だから空港で個人タクシーをチャーターできたのです。個人タクシーに乗って沖縄の戦跡を回りました。

南部戦跡とか旧海軍壕とかを回っていたら、白い個人タクシーの運転手さんが急にブレーキを踏んで、道の横に停めまして、ぼくを振り返って「青山さん、あなたは若いのに、どうしてこんな陰気なところばっかり回るんですか？　だんだん気が塞いできたんじゃないですか？　あなた、若くて、しかもさっき那覇空港で契約したときには、ダイバーのライセンスを持ってたじゃないですか」と言いました。

「だから、いまから沖縄の青い海に行きましょう。道具がなくても、あなたはライセンスがあるからちゃんと借りられる。スキューバダイビングにいいところへ連れて行くから」と言われたんで、ぼくは運転手さんに「運転手さん、すみません、待ってください。もしもこのあと2回目、3回目に沖縄に来たときには、また運転手さんにお願いしてダイビングに行きます。でも最初の沖縄訪問、つまり自分の意思で来たのは、今回が初めてですから、最初の訪問では、沖縄戦の跡を全部回りたいんです」

……「どうしてかと言うと、ぼくは実は新米ほやほやの記者です。記者生活のスタートは、沖縄戦は本当はどんな戦いだったのか、それを自分の手と足で触りたいんです。だからこのあとも、戦いの跡へ連れて行ってください」と言いました。

そうしたら運転手さんが「あんた、記者なのか。じゃあ、行くとこが違うんだよ」と、振る舞いも言葉遣いも急に変わりました。

そして何も知らないぼくが連れて行かれたのが、白梅の塔だったのです。

白梅の塔に実際に行くと、どういう場所かと言うと、このなかには行ってくださった方が何人もいらっしゃると思いますが、改めて説明します。

実はひめゆりの塔からもわずかな距離にあります。いまでは標識も立つようになりました。そしてどういう場所かと言うと、こういう長方形のかなり広い敷地です（次頁図参照）。

道路は南側に1本通っているだけです。東側はサトウキビ畑です。沖縄はこのサトウ

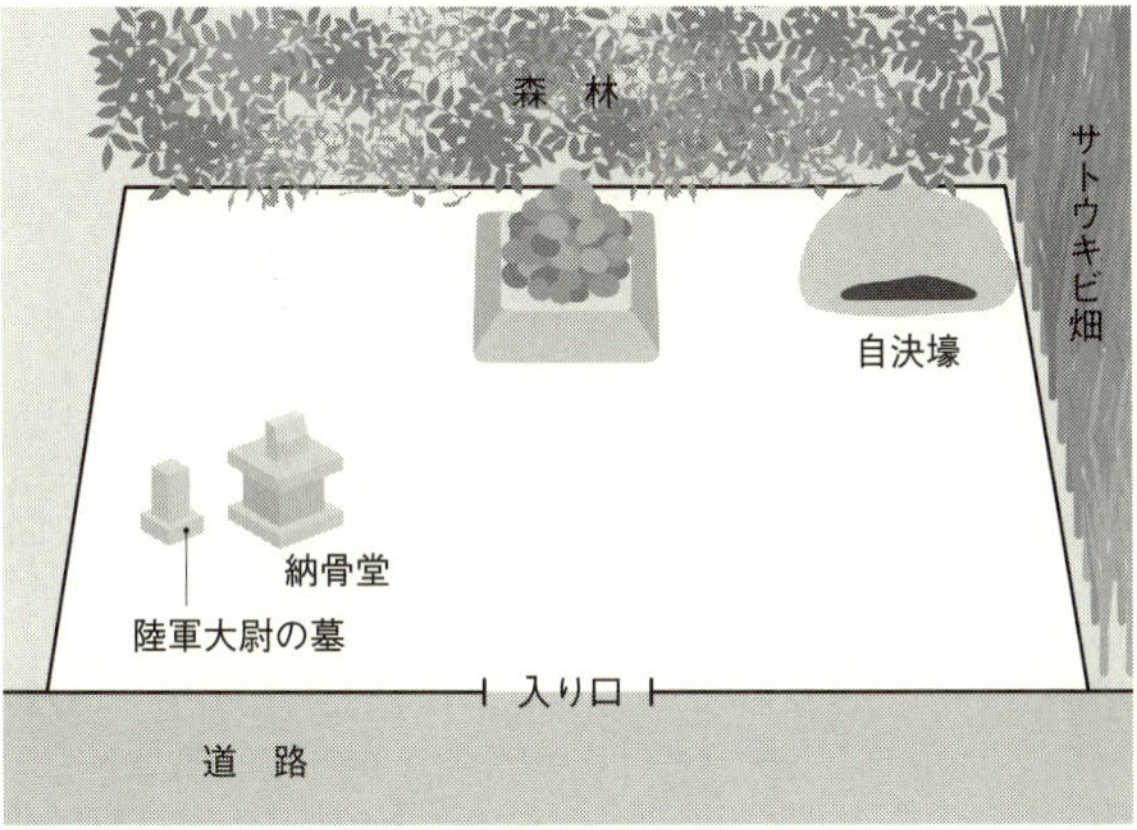

白梅の塔配置図

キビ畑に取り尽くせないご遺骨がまだあると言われています。

　そして白梅の塔の敷地の北側は小高い山というよりは、山のように見える森というか、林というか。そういう構造になっています。入り口はいまもこの道路に面した一か所だけです。

　運転手さんが車を停めて、この入り口から入っていきました。入っていったらいまも同じですが、突き当たりに小高い丘のようなところがあるのです。ここからの話はいまと全然違っていて、当時はこの小高い丘の上に石を積み上げた小さなものがあったんです。

　そしてこの小高い丘に運転手さんと一緒に

上がっていって、裏へ回りました。裏へ回りましたら、その石積みの後ろに、ぼくの両手ぐらいの鉄の蓋《ふた》がついていたのです。それは真っ赤に錆《さ》びていました。

その鉄の蓋は鍵がかかってないのではなくて、鍵がなかったのです。鍵も何もないその鉄の蓋を運転手さんがパッと開きました。その中に真っ白な遺骨、例えば顎の骨、それから腕の骨、大腿骨《だいたいこつ》、あるいは腰の骨とはっきりわかるものもあり、みんな小ぶりに見えました。

そして、なぜかわからない、いまだに忘れることがないのですが、この世のものと思えないような白さでした。ぼくは例えば旧ユーゴ戦争でサッカー場をうずめ尽くした遺骨を見たりしていますが、いまだにあんな白い骨を見たことはありません。

例えばこのレジュメは白い紙ですけど、こんな色じゃないのです。なんとも言えない真っ白な色でぎゅうぎゅうに詰め込まれていました。だから腕が折れたり、顎が割れたりしていました。明らかに押し込んで割れたということがわかる。

それを、ぼくはつくづく見ていました。新米ですけど、記者は記者ですから、恐れないでつくづく見て、そしていままで話しませんでしたが、本当は手で触れました。あの触れた感覚、ざらついた感覚がいまもこの両手に残っています。

そして運転手さんが言ったのは、「青山さん、この骨は全部、自決壕――向かって右奥に自然の洞窟がいまもあります――その奥に散らばっていた女の子の遺骨をここに集めたんだよ」。そして運転手さんが両腕を広げられたんです。初老の運転手さんでしたが両腕を広げられて「青山さん、見てください。こんなに広い敷地なのに、わたしは誰ひとりとして見たことがない。わたしは縁あってここによく来ているけど、一度も沖縄県民、われわれウチナンチュにもヤマトンチュ――つまり本土のわれわれ――にも会ったことがない。忘れ果てているんだよ。あなた、一緒にさっきひめゆりの塔へ行ったよね。あそこはウチナンチュが商売をし、ヤマトンチュの修学旅行生がやってきて、わあわあ、わあわあ騒いで、大騒ぎして出ていくだけ」

……「ところが、ここには誰も来ないんだよ。そして、もっと荒れ果てているところもある。これが沖縄の現実なんだ」

……「あなた、記者だったら、このあと沖縄県民にどれほど怒鳴られても、嫌われても、沖縄県民も沖縄戦のことは本当は考えてないんだ、本当は忘れてるところもたくさんあるんだということを、勇気を出して沖縄に言ってください。あなたは必ず悪者にされるけど、あなたは記者だったら、それをやってくれますか」と言われました。

ぼくは「わかりました。じゃ、いまからそういうことをすぐに始めます」と申しまして、以来36年間、運転手さんにはいま連絡が取れなくなってしまって、おそらく亡くなられたと思いますが、でも、その約束はいまも続いています。

しかし、ぼくはずっとお参りをするだけでした。そして記者の生活は暇ではありません。お金もサラリーマンですからあまりない。したがって、例えば1年に1回の訪問になってしまったり、せいぜい半年に1回しか来られないですよね。

その1年に1回ではなく、半年に1回ぐらい行っていたときに、突然この石積みがなくなったのです。立派な塔になった。

そして塔に白い梅の学校のマークが入って、向かって左側にコンクリートの納骨堂ができていました。その納骨堂は、元のあの鍵がない鉄の扉とは対照的に、どこからも手を入れることができなくなっていました。そして納骨堂の前には左右にお人形が飾ってありました。みんなまだ恋も知らない少女ですから。

半年ぐらい来なかったうちに塔が建って、ぼくは愚かにもやっと気がついたんです。生き残りの方がいらっしゃるということに。

戦争に負けて、戦争が終わった。沖縄戦は昭和20（1945）年6月23日に終わって、8月15日に日本が降伏した。そのときこのひめゆりも白梅もどこの学徒隊も、まだ十代の少女です。そして親も大半殺されているから、お金がなくて自らの手で石積みをつくったんじゃないか。

そのあと結婚もなさり、貯金もなさって、みんなで話し合って、ついにこの塔を建てられたんじゃないか。ようやくそういうことに気がついて、生き残りの方を捜し始めました。

7　ひとりのおばあが話してくれたこと

第1回講演会でも申しましたが、ぼくは大阪の関西テレビというテレビ局の番組に参加しています（当時）。生放送で話させてくれるので、編集でぼくの発言がカットされることがないからです。

その関テレにも連絡を取り、白梅の塔の話をとりあげようと提案しました。関テレは最初、陰気な話はやめましょうと、硫黄島と同じように嫌がりました。ぼくは「そんなことはない、みんな見てくれる」と説得しました。そして沖縄の地元局が協力してくれたら、あっという間に4人、生き残りの方が見つかったのです。

そして、もうずいぶん前になりますが、その4人の方と——当時、70歳代でいらっしゃったけれども昔は15、16歳の少女です——お会いしましたら、「あなたと会ってやっと謎がとけた」とおっしゃった。

誰だかわからないけれどずっと人が来ていて、誰かが来て掃除してあったり、水と花が捧《ささ》げてあったりした。でも、地元でそんなことをやっているとは聞いたことがない。『では一体誰が来ているんだろう?』ということになっていました。あなただったんですか」と言われました。

講演時間はあと17分しかありませんから、話をピックアップしなくてはいけません。例えば生き残りの方々と白梅の塔に行く前に「病院壕」というところに行きました。

「病院壕」というのは、実際に病院があるのではなく、洞穴を病院代わりにして、負傷者を看護していたわけです。そして生き残りの方が、ぼくにこうおっしゃいました。

「青山さん、第二高女でわたしは前日までこの10本の指でお裁縫を習っていたんです。なのに次の日には、兵隊さんのちぎれた足を急に渡されて『この足を捨てて来い』と言われていた。その兵隊さんは半身を起こして、『おい、俺の足、俺の足』と必死で叫ばれる。そんななか、うわっと血が噴き出ているその足を持って、銃弾の降り注ぐ外へ出なきゃいけないんです。

あるいは壕の外でお水を探し、薬を探すということをやらなきゃいけない。もう何がなんだかわからなかったです」

これが病院壕の現実です。

そして最後にこの白梅の塔の南の入り口から入っていったんです。

そしてみなさんにお話ししておきたいのは、このときのことだけではなく、生き残りの方のあるひと一人と一緒に、別に白梅の塔を訪れたときの話です。

塔に近づきながら何気なく、「ぼくが最初に行ってからしばらくの間は、こんな立派な塔じゃなくて小さな石積みしかなくて、そこに骨がぎゅうぎゅうに詰め込まれていて……」と話し始めたら、その沖縄のおばあ（おばあは、沖縄では尊敬語です）がぼくの腕をつかんで、端っこのほうに連れて行かれました。

その方は「青山さんね、あなた、嘘言っちゃダメよ。そんなことするわけないでしょ。ここで自決した子は、みんなわたしたちのクラスメイト、同級生だった。それをそんな小さな石積みなんかに押し込めるはずがない。あなたがご覧になったというのは、幻か夢か、なんかの間違いですよ」と言われたのです。

そんなはずはない。ぼくは当時、新米だったけれど記者です。カメラで撮ったように、あのご遺骨の真っ白な色をよく覚えています。決して記憶違いではありません。見間違いではない。

なぜこんなことをおっしゃるのかを理解できないまま、おばあがそうおっしゃるから「わかりました。もう二度と申しません」と言ったのです。

そのあと自決壕に行きました。自決壕に入りますと、ぼくは最初に訪れたときに、実際にびっくりしたんですが、ああ、この話もすみません、硫黄島のときのようにオカルトと思わないでいただきたいんです。

自決壕は恐ろしい場所です。ここは観光地になっていませんから、当時のままです。下りていくと、いちばん突き当たりに柔らかい土があります。そこだけです、柔らかい土は。

周りは天井も含めて沖縄特有の岩でできており、ごりごりに固い。でも突き当たりにだけ柔らかい黒い土があって、そこにおかっぱ頭やお下げ髪の女の子たちが折り重なっていらっしゃる。最初に入ったときから、ぼくにはそれがはっきり見えました。ものすごく怖かったです。

その怖い場所におばあと入っていって、いちばん下まで着いたときに、ぼくはもう周りのことを忘れたのです。いつもと同じように、その土を撫《な》でながら「ここで倒れたみなさま方、みなさま方が、まだ恋も知らなかったのに、命をかけてまでここで頑張ってくださったから、いまのわたしたちがいます。硫黄島の英霊の方々も同じです。わたしたちは、みなさんのお陰でここにいます」ということを……、いつものように周りのことは忘れて、おばあのことも全部忘れて、ずっと小声で話しかけていました。

気がついたら、おばあはじっと黙ってぼくのことをご覧になっていた。

そして、やがてぼくたちは黙ったまま出口へと上がりました。上がったら、沖縄の明るい太陽がカーッと照っていました。

そのなかで、おばあがぼくの腕をつかんで、もう一度ぼくをさきほどの木のところまで連れて行って、なんておっしゃったかと言うと……

「青山さん、さっきはわたしが嘘を言いました。本当はあなたがご覧になったとおりです。わたしたちは沖縄戦が終わったとき、あの壕の中で同級生が倒れている、死んでいるとわかっていながら、どうしても近づくことができなかった。早く戦争から抜け出たかった。恋もしたかったし、親が殺されているから生活の糧もつくらないといけない」

……「忙しくて忙しくて……そして、やっとみんなで話し合ってなんとか勇気を出して、壕の中に入っていったときは、みんなバラバラの遺骨になっていました。もう体が溶けてしまっていた。でもそこに残っている文房具とかのわずかな欠片《かけら》で、これは何々ちゃん、これは何々さん……わたしたちには全部わかりました。わかったから親が生き残っている場合は親に連絡を取り、親が全部殺されている場合は親戚に連絡を取って、ここに来てもらったのです」

……「そうしたらあるお父さんをここに連れてきたら、『あんた方はうちの娘を知ってるだろう。同じクラスだったんだから。うちの子はこんなところで殺されたりしない、本当はあの右手のサトウキビの畑を分けて分けて逃げて、ヤンバルに行って、いまはあんたたちと同じように結婚して、ちゃんと子供もいるに決まってるんだよ。こんなところで死んでいるはずがない』と言って『家の墓に引き取らない』とおっしゃる」

……「あるお母さんは、『うちの子はあんたたちよりずっと泳ぎが上手《うま》かった。だからあの森を抜けて、海に出て、泳いで泳いで黒島か石垣か、波照間かどっかの島に行って、そこの人と結婚して、あんたたちと同じようにきれいな服も着て、子供もいて、幸せに暮らしてるんだよ、うちの娘じゃない』と言われる」

……「だからどうしようもなくて、みんなで泣きながらご遺骨を集めて、そして自分たちの手作りの石積みだから、『ちっちゃくて困ったな』と思いながら、みんなで泣きながらガチガチ音がするなか、ご遺骨を詰め込んだ。そして、鉄の蓋を最後にはめるときに、みんなで話して鍵をつけるのをやめたのです」

……「きっと日が暮れて夜になったら、あのお父様もお母様もここにやってきて、ここを開けて娘の名前を呼びながら遺骨に触るに決まってると思ったからです。だから鍵をかけないでいた。そこに、まさかわたしたちを沖縄戦に追い込んだヤマトンチュ（本土の日本国民）がここに来ているなんて夢にも思わない。わたしたちは青山さんも含めてヤマトンチュを悪者だと教わってきたので、さっきは受け入れられなくて思わず、あなたにあんなことを申しました」

……「でも、あの土の上を撫でている青山さんを見て、どういうお気持ちなのか、わたしは骨の髄までわかりました。これからは一緒にやりましょう。これが本当のことです」とおっしゃったんです。

だからぼくは白梅の塔を訪ねると、いつもおばあたちをぎゅうぎゅうにハグします。ぎゅうぎゅうに抱きしめると、これも不思議な話ですが、みんな15歳に戻るんです。いまも行くたびに、ぼくは全員とハグします。みんなの見ている前で。

そうすると、不肖、ぼくなんかの腕のなかで本当にまだ恋を知らない少女に戻られる。

そしてそのおばあたちに、ぼくは何年もかけて申しているのは、わたしたちが敗戦後に考えてきたことは本当は違っているんじゃないでしょうかということです。

この沖縄戦にやってきた兵庫県民も東京都民も、本土のどこの出身者も自分のことを考えて沖縄に来たのではなく、沖縄県民を護り、日本を護るためにみんな来たんです。

沖縄のはるか北方の海には、戦艦大和がふたつ折れで沈んでいますが、船と一緒に沈んでいる英霊の方々は、いまも沖縄県民とともにあります。豊見城《とみぐすく》市の旧海軍壕に、沖縄根拠地隊司令官を務められた大田實《みのる》海軍少将の訣別電報が残っています。

「沖縄県民斯ク戦ヘリ　県民ニ対シ後世特別ノ御高配ヲ賜ランコトヲ」と海軍次官に向けた正式電報で、それをお書きになった少将の自決壕もあります。

わたしたちは、あの戦争に負けはしたけれども、硫黄島の英雄の方々を、敵だったアメリカこそが尊敬しているように、「わたくしを捨てて人のために生きる」という日本人の生き方が現れたのも、また沖縄戦ではないでしょうか。

そうしたらおばあたちがいつもおっしゃるのは、「青山さん、本当はちょっと困るの。わたしたちは語り部として、日本軍が悪者だったという話を何十年もしてきました。それをこの年になって、青山さんと会って、そしていま80歳を超えて考え方を変えるのかと苦しんで苦しんでいます。けれども、あなたが35年間もここに通ってこられたことを思えば、わたしたちも死ぬまでにあなたと一緒に考えなきゃいけないことは、きっとあるのでしょうね」と。

8　少女が報われる

ぼくは僭越ながら天皇陛下にあるお願いをいたしました。このことは公にはほとんど言わずに来ました。実は先ほど天皇陛下のお話をしたのは偶然ではないのです。

この少女たち――ぼくにとっては、ハグした腕のなかでは、本当に15、16歳の女の子です――が本当に報われるためには、陛下のお力が必要だとぼくは思っていました。先の戦争に強い想いをお持ちでいらした昭和天皇はもう崩御されてしまったけれども、今上陛下はどんな方でしょうか？

　硫黄島について歌を詠まれています。栗林中将は「散るぞ悲しき」という歌を詠まれました。国のために奮闘したけれども、最後は島を奪われる。そこで死ぬ。「國の為重きつとめを果し得で　矢弾尽き果て　散るぞ悲しき」という有名な歌を、栗林中将は大本営への決別電報で詠まれた。

かの大本営は、その電報を勝手に「散るぞ口惜《くちお》し」と改竄《かいざん》した。その歴史を、今上陛下はよくご存じで、硫黄島について歌を詠まれています。その歌の最後に「島は悲しき」と、今上陛下は詠まれているのです。すべてをご存じのうえで、そういう言葉で国民に実は問いかけていらっしゃる。

　だから今上陛下が皇后陛下とともに、この白梅の塔にお参りに来ていただければ――両陛下は皇太子同妃両殿下の時代にひめゆりの塔まで行かれました――だから白梅の塔においでくださるように、まさかぼくは天皇陛下に直接拝謁《はいえつ》できませんから、当時の宮内庁のある高官に頼みました。そしてついに一昨年（２０１２年）、天皇皇后両陛下が白梅の塔に行幸啓《ぎょうこうけい》なさるという決定をなされたのです。

これが一旦決まってから、いまの仲井眞弘多知事——言いにくいことを多少言いますが——知事の携帯電話からぼくの携帯電話に連絡があって、「あ、青山さん、あの話ね、ダメになったよ」とおっしゃる。ぼくは30年の取り組みがありましたから、息を呑《の》んで「一体どういうことですか」と問うたら、「青山さん、自分で宮内庁に聞いてよ。宮内庁から言ってきたんだよ」とつれない。

「『ここの敷地は白梅の塔だけじゃなくて、別の陸軍大尉の墓と名の分からない人たちの納骨堂もある。こういうところに、天皇皇后両陛下に行っていただくわけにはいかない』と宮内庁が言ってきて、この話はなかったことになったんだ」と電話を切られたのです。

ぼくは宮内庁にすぐ連絡を取って、「これ本当ですか?」と聞きました。そうしたら宮内庁の高官がぼくになんと言ったか……「沖縄県は本当にそんなことを言ったんですか。誰ですか?」と聞かれたのです。それに対して「知事です」と答えたら、「じゃ、知事はご存じないんだ。違います、沖縄県から突如『この話はなかったことにして取り下げてくれ』と言ってきたんです」と。

「こうですよ。『理由は沖縄県で考えます。あの敷地には違う人もいらっしゃるから、それを理由にします。だからなかったことにしてください』と沖縄県から言ってきたんだ」とおっしゃったから、ぼくはまたびっくりして知事に電話をして「この宮内庁の人が嘘を言っているとは思えない。ぼくは記者出身ですから、人が嘘をついていると、かなりわかります。嘘じゃない。その宮内庁の人も怒りに震えていた。だから知事、調べてください。きっと知事の知らないところで話を覆した人がいる」とお願いしました。

そうしたら、もちろん名前は拷問されても言いませんが、沖縄県の現在の幹部ふたり（当時）が知事の知らないところで勝手に宮内庁に連絡をしてこの話を潰《つぶ》したことが判明したのです。

ぼくはずっと沖縄に、もちろん自腹で通ってきました。でもこのときだけは「知事、これはぼくが行く場面じゃない。そのふたりを東京に寄こしてください。そのふたりと東京で話したい」と申しました。

ふたりはすぐにやってきました。知事の命令ですから。

そして「いったいどうしてですか」と問いました。ふたりは「言えません」とおっしゃるから、じゃ、こちらから言いましょうと、こう申し上げました。

「ぼくにはわかりますよ。あなた方は本土の人間に沖縄戦の真実を言われるのが嫌なんだ。ずっと被害者でいることが既得権益になってるから、いつまでも被害者でいるために、本土の人間にそれも20年、30年かけて指摘され、そこに天皇皇后両陛下がお見えになったとしたら、沖縄県庁が沖縄戦のことを忘れていたということがバレてしまう。知事は政治家だからやがていなくなるけれども、役人は一生県庁にいなきゃいけない。だから、自分を護るためにやったんでしょう」

そうしたら「そのとおりです。どうしてわかりましたか」と答えられた。それを受けてぼくは「あなたたちの目を見ていたらわかりますよ。ぼくは怒っていると思いますか？　本当に怒っていません。陛下のお気持ちも考えてください。少女のことを考えてください。誰か自分のためにやった人がいるのですか？　みんな人のためにだけやったのに、どうして戦争に負けただけで、日本人は変わってしまったのでしょうか？　あなた方が悪いのではない。ともに歩んできたぼくら共通の責任だから、もう一度、ぼくは宮内庁に連絡をするので、なんとかやり直しができるように一緒にやりましょう」と言いました。

そしてその沖縄県庁の偉い人たちは、不肖、ぼくなんかの言葉を聞いて、きちんと宮内庁にもう一回行ってくれました。

ぼくが会った宮内庁の高官はけんもほろろでした。

ただ最後には「もう天皇皇后両陛下にお話をしてしまったあとだから変えられない。その代わり、天皇皇后両陛下が沖縄に行幸啓されるときに白梅の塔には行けないけれども、休憩なさる場所がある。そこに生き残りの方に行っていただいて両陛下にお会いになることで、なんとか青山さんも納得してくれませんか？」とおっしゃいました。

「ぼくの納得はどうでもいい。白梅の少女たちに聞いてみましょう」と返したら、なんともいえない表情を浮かべられたけれども「わかりました」とだけおっしゃった。

そして西暦２０１２年11月17日、天皇皇后両陛下が沖縄に行かれたとき、平和祈念堂の休憩室に４人の白梅学徒看護隊生き残りの方が行かれまして、皇后陛下が４人のかつての少女たちに向かって「白梅の塔というところは、どちらの方角ですか」とお聞きになりました。そして両陛下に「こちらの方向でございます」とだけお答えしたら、両陛下がそちらの方向に花を持って、長い時間ずっと痛い腰もかがめられ、お祈りをしてくださった。

もう話す時間はなくなってしまいましたが、実は白梅の塔はその後ずいぶん空気が変わりました。6月23日の沖縄戦終結の日に合同慰霊祭をやりますが、かつては晴れていても、まるで雨が降っているように暗い場所だったのに、パーッと明るくなっていて、死んだ人しかいないのに明らかに空気が変わっています。

ただ、つい数か月前に沖縄に行って、生き残りの方に申しあげたのは「実はふたりだけ残ってらっしゃいます」ということです。

なぜかわかりませんが、おかっぱ頭とお下げ髪のふたりだけ残っておられる。あとの方は全員この壕から出て行かれ、帰るべきところへ帰られた。おそらくは、このおふたりは、家族や親戚が全部沖縄戦の最中に殺されて、誰もお参りに来ていないから帰れないでいるんじゃないかと申しました。

「だから僭越ですが調べてみてください」と言ったら、生き残りの方が「そんなことあるのかしら」と言いながら調べてくださいました。そうしたら本当におふたりの名前がわかりました。そのとおり、そのおふたりだけが、ありとあらゆる親族が沖縄戦で殺されていました。これがみんなに分かりましたからやがてこのおふたりもお帰りになると思います。

もうお別れしなきゃいけないんですが、最後に申し上げたいことがあります。自決壕の入り口に立っただけで何が起きるか。みなさん、オカルトと思わないでください。壕のなかから女の子が触りに来ます。ぼくは36年間触られてきました。触られたぼくは怖いですよ。ぼくはいまでも怖い。でも触った女の子に何が起きますでしょうか。触った女の子は自決壕の入り口に立つ今の日本国民に触ったら、「わたしたちは軍国主義に騙《だま》されて犬死にしたんじゃない。まだ恋も知らなかったけれど、人のためにここまで頑張ったために、後世にこんな人が生まれて祖国は甦ったんだ」ということを理解できますね。

今回の3度にわたる講演会で本当は何を言いたかったかというと、硫黄島の後でも、沖縄戦の後でも、いわばわたしたちの生き方はずーっと貫かれて、これがいまも続いているということです。

9　祖国は必ず甦る

西暦2011年4月22日、福島原子力災害が始まってまだ1か月余りのとき、ぼくは外部の者としては初めて福島第一原子力発電所に入り、作業員に会いました。亡き吉田昌郎所長が、ぼくに入構許可を出してくださって、放射線量が高かった福島第一原発に入りました。

そのとき、本当はぼくが何に感激したのか。私心を捨てて戦っている、真のリーダーだった吉田所長に感激しただけではありません。もっと感激したのは、本当はぼくの会った19歳から67歳までの名もなき作業員の方々です。誰にも褒められずに、いまも働いてらっしゃいます。

そして、67歳のある作業員が若い作業員を指差して、「青山さん、あいつを見てくれよ。あいつは暴力団の手配でやってきたチンピラみたいな奴なんだ。ここ（福島第一原発）で働いてるうちに、あいつ、顔つきが変わってすごく良くなったんだよ」と言われました。だからぼくは彼のところへ走って行って、「あなたは暴力団の手配で来たんですか」と言ったら、彼は「いや、本当はあのじじいが知らねえだけです。俺が暴力団員です。俺は本当は手配師です。組に言われて、あいつも、あの辺のじじいも、みんな俺が手配したんです。でも俺はここへ来て人生が変わったんだよ」と言ったんです。

そして「高校中退してグレてグレて、いまじゃヤクザもんですよ。ところが、監視をやりにここに来たら、自分のために働いてるやつがいねぇんすよ。俺が割り当てた日当のことなんか誰も考えてない。福島とチェルノブイリは違う。『放射能で死ぬ人間だけは出さない』と言って、どいつもこいつも危ない目に遭いながら、クソ頑張っている。だから俺の人生、変わったんすよ」と言って、わっと泣いたんです。

ぼくも彼と大泣きして、そしてぼくは東京へ帰る気がしなくなって、秘書に連絡をして北上したのです。

大混乱の仙台を抜けて、２０１１年4月23日の朝に着いたのは、宮城県南三陸町の赤い鉄骨、防災庁舎跡の前です。そこの2階に遠藤未希さんというわずか24歳の、結婚式を半年後に控えた女性と、その上司だった三浦毅さん、52歳のただの役場のおっちゃんとふたりで頑張って、「もっと高いところ、もっと遠くへ逃げてください」と放送を続けて、たくさんの町民が救われました。遠藤未希さんも三浦毅さんも、そのために逃げ遅れて津波に殺された。

その現場に行ったら、白い花が手向けてあって、ぼくはびっくりしたのです。当時はがれきだらけで、花なんかどこにもない。「いったいどうやって花を持ってきたのか」と思って、周囲を回っていたら、自衛官の諸君ががれきを、神戸の大震災のときと同じように丁寧に、はがしている。

その手を見たら、ぼくが会っただけで3人がざっくり切っているのです。包帯も真っ赤です。機材は使わない。それどころか手袋もしない。素手ではがしているからです。

ぼくは連隊長のとこへ走っていって、「連隊長、どうして機材を使わせないのか。手袋ぐらいさせてください」と言いました。なぜなら、当時のがれきはガラスの破片だけでなくて、包丁やナイフがそのままむき出しになっていたのです。

連隊長がなんと答えたかと言うと、「青山さん、命令しても命令しても、みな素手になるんです」ということです。みなさん、どうしてかわかりますか？　ぼくもその現場を訪ねてわかりました。あの当時のがれきは、服が絡まっていたのです、がれきというがれきに。いまぼくの着ているような服が。

女性の花柄のワンピース、男性のスーツも絡まっていました。タンスが流されたからじゃないのです。人間が津波で流されていくうちに、裸にされるのです。自衛官の諸君はあそこに入ってもう1か月経っていました。がれきの下の人はみんな亡くなっています。誰も生きてないのに、裸にされているということがわかっていて、ちょっとでもきれいな体のまま、家族のところへ戻してあげたいから、自分の手がざっくり切れても素手になって、はがしているのです。

仕事柄世界の軍人と会い、演習にも参加してきましたが、こんな軍人は日本にしかいません。その自衛官が硫黄島で英霊たちを踏みつけにしている。彼ら自身がそのことにどんなに苦しんでいるか……。

その自衛官の諸君にぼくは感激しながら6回、周囲を回ってから防災庁舎に戻ったけれど、遂にお花をどうやって持ってきたかがわからないまま、日が落ちてきました。そろそろこの地を発たねばならない。当時のがれきは夕方になったらなぜかわからないけれど、地獄の炎のような赤い炎が上がってくる。その炎の見えるなかで呆然《ぼうぜん》としていたら、初老の被災者の方が白い花と黄色い花を持ってこられたのです。

ぼくは思わず、硫黄島の生き残りの金井啓《かないひろし》さんのように、今度はぼくがその方の腕をつかんで、「被災者の方ですよね。この花、どこから持って来られましたか？」と訊《き》いたら、その赤い炎の上がっているなかでぼくの顔を見て、「あなた、青山さんでしょ。青山さん、あそこを見てくださいよ」と近くの小高い山を指差された。そこの上だけ、奇跡のように花が残っているのです。そこに手分けして這《は》うように登っている。だからその方は胸とズボンが黒くなってる。

「遠藤未希さんと三浦毅さんのお陰で命が救われたからですね」とぼくが余計なことを言ったら、その初老の被災者の方が何とおっしゃったかと言うと、「青山さん、それもありますよ。ありますが、このがれき見てください。自分たちが苦労して築いてきたものが全部叩き壊された。これからどうやって生きたらいいのか。未希と毅が教えてくれているのは、それだよ。日本人はいざとなったら、自分のことよりも人のこと、みんなのために命までかけるんだよ。そのことを残った人生で忘れないようにと思って、みんなで話し合って花を手向けてるんだ」とおっしゃった。

みなさん、この講演会は本当は「海から祖国が甦る」という題ですから、海にあるメタンハイドレートという、わたしたちの自前の資源をどうやって生かすかを話したかったけれど、さすがに時間がなかった。それについては、本（『氷の燃える国ニッポン』、『海と女とメタンハイドレート』『科学者の話ってなんて面白いんだろう』（小社刊））で見てください。

10　最後に

硫黄島の英霊の方々、それと福島第一原発のあのなかで、今日も批判だけされながら人のために働いている作業員とどこか違っていますか？

遠藤未希さんと白梅の少女たちとどこか違っていますか。

天皇陛下の御心とどこか違っていますか。何も違っていませんね。

わたしたちは敗戦後の教育によって、ぼくのいた共同通信もそうですが、メディアの刷り込みを含めて、これだけ違ったことを教え込まれても、いちばん大切なところを忘れていません。

いざとなればみんなのため、人のために生きるということをずっと忘れないで、今日この瞬間を硫黄島でも沖縄でも、このにっぽん丸の船内でも、みんながある。だから、こんな下手な話を皆勤賞で聴きに来てくださる方々がいらっしゃる。

わたしはタレントじゃない、評論家じゃない、まして政治家じゃないから、いい話をしていると思われる必要がないのです。ぼくの話はあくまで問題提起にすぎない。ご自分で考えていただきたいから、レジュメも全部問いかけになっています。

ただ、そのレジュメのなかで演題だけは問いかけではありません。「祖国は甦る」。「甦るか」ではありません。「甦る」です。わたしたちは日本のいちばん大切なものを何も失っていません。そのことを信じて、生きる力をたくわえ、福島のことも沖縄のことも硫黄島のこともすべて、一緒に考えていきたいと思います。

みなさんのお昼ご飯が8分も遅くなりました（会場笑）。美味《おい》しいお昼ご飯をどうぞ食べて、年齢に関係なくお力をおつけになって、一緒にこれから祖国の再建をやりましょう。

みなさん、ありがとうございました（凄まじいまでの拍手）。

第9部　別れではなく

5月28日に硫黄島を訪れたにっぽん丸は、そこから帰路に転じ、イルカやクジラと出《で》逢《あ》いながら（ただし頭がわずかに見えたぐらいでしたが……）、西ノ島では安全を確保したうえで、地球が島を造っている現場、凄絶《せいぜつ》な噴火の現場も見つつ（㉛頁写真㊾参照）、5月30日の朝に、東京港に戻ってきました。

そして乗客のみなさんは、それぞれの場所へ散って行かれました。

しかし、これは別れではなく、終わりではなく、壮大な地上の航海の始まりです。

地上の仕事に戻ったあと、ぼくは印象的なEメールをもらいました。

今回のクルーズにどうしても参加できなかった、働き盛りの男性です。独研には、インディペンデント・クラブという会員制の集まりがあり、その会員でもいらっしゃいます。

そのまま引用します。

「ザ・ボイスの放送中に申し訳ありません。

番組冒頭で、ずっと天気がわるかったのに、硫黄島周遊の時に突然晴れて、しかも硫黄島にかかる虹まで現れたお話に大変驚きました。

実は、今回の硫黄島クルーズの間、私はずっとにっぽん丸の位置を衛星画像や天気図などと比較しながら毎日確認しておりました。

なぜなら、台湾から北方領土近くまで伸びる停滞前線とそれに伴う長大な雲が硫黄島をもずっと覆っていたので、なんとか硫黄島周遊の時だけでも良いから晴れてくれないかと、祈るような思いでいたからです。

5月28日の午前から午後にかけての衛星画像を見ていた時、まるで硫黄島周辺だけ南東側から雲がえぐられるように雲が消える時間帯が二度ほどありました。

私は科学的な気象学にも興味を持つ者ですが、この日の不思議な雲の動きをリアルタイムで見ていて、静かに感動しておりました。

HK（実際のEメールは実名）拝」

そして、一瞬でしたが、硫黄島に奇跡の虹が架かりました（㉒頁写真㊵参照）。過去と今をつなぎ、英霊とぼくらをつなぐ架け橋にみえました。

ぼくが空から硫黄島に向かった12月9日は、すなわち真珠湾攻撃のたまたま翌日ですとお話ししました。

そして偶然、クリント・イーストウッド監督の『硫黄島からの手紙』の日本での公開初日でもありました。

それにしても『硫黄島からの手紙』とは、意味の深いタイトルです。

硫黄島の戦いの指揮官だった栗林忠道・陸軍中将がこまめに家族へ優しい手紙を送るひとであり、映画の冒頭で、多くの将兵が書いた手紙が送られないまま埋もれているのが掘り出される、それだけが、このタイトルではありませんね。

硫黄島からは今こそ、わたしたちに手紙が届いているのです。

わたしたちが忘れていたものを、架け橋でつなげば、新しい日本人の生き方が見えてくる。

それが硫黄島です。

すべての祈りと感謝と勇気を込めて、明日へ。

（了）

硫黄島再訪、再々訪、再々々訪

(2015/7/20、2017/9/20〜21、2018/3/24)

【初の泊まり込み単独調査】今回も壕の奥深くへ。

調査の前には必ず感謝の祈りを捧げる。

調べきれていないのは、この広大な滑走路だけ（右端に青山）。

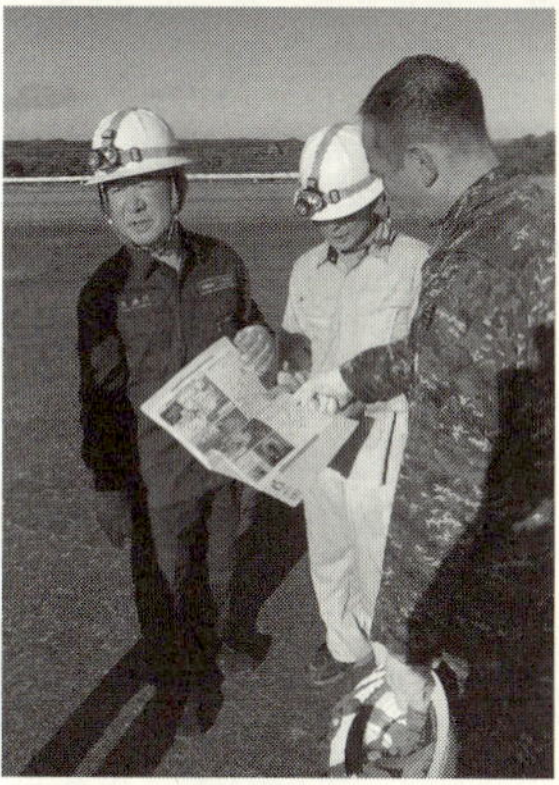

滑走路の上で今後の遺骨探索を協議する。

滑走路の下を掘削して遺骨を探す。

弾痕に手を触れて戦いを偲ぶ。

硫黄島の朝焼け。

爆撃機の胴体を使ったトーチカ内部。硫黄島の海上自衛隊司令の左側にかつて栗林中将と思われる姿が現れ、奥に末娘たこちゃんが赤いジャンパースカートで現れた。

2018年3月24日の日米合同慰霊祭。自衛隊と米軍の儀仗隊。

米海兵隊の退役将軍らが話しかけてこられ同盟の握手。
左からスミス夫人、スミス中将、故スノーデン中将の孫、キング氏、青山。

この書が新書として再生する朝は、こころの晴れ間です

青山繁晴　拝

ここに、にんげんの尊厳がある。

そのように言われる場所が世にいくつかある。

あるいは、人類の永い歴史の変わり目には現れることがあると言ってもいい。

それらは栄光と悲劇が表裏一体の地であることがほとんどだ。

たとえば「ゲティスバーグ」というアメリカの町の名を思い起こしてほしい。

アメリカ人のみならず、わたしたち日本国民や世界の多くの子どもたちが歴史的演説の場所と教わる。ここでリンカーン大統領が「人民の、人民による、人民のための政治」という趣旨で演説したからだ。

それは確かに、民主主義の輝くような言葉だろう。だが同時に、南北戦争で無惨《むざん》に敗れた同じアメリカ人の南軍兵の屍《しかばね》、また勝利の犠牲となった北軍兵の亡骸《なきがら》の重なるうえに流れた言葉でもある。

わたしたちの硫黄島は、こうした聖なる地のひとつ、いや代表的なひとつである。日本の帝国陸海軍とアメリカの海兵隊、海軍が真正面から逃げ場なく戦った島だ。

アメリカではまさしく「人間の勇気（VALOR）とは何であるかを示す島」として子どもたちに広く、熱心に教えられ、首都ワシントンDCの国立戦没者墓苑の正門前という大切な場所に巨大な記念碑も建立《こんりゅう》されている。

日本の不可侵の国土である硫黄島に米軍が侵攻し、富士山に繋がる火山の摺鉢山《すりばちやま》の山頂に六人の米兵が、日本の主権を侵す星条旗を掲げた。その瞬間の有名な報道写真、ピュリッツァー賞を受け世界に記憶される写真を、記念碑は実物大に再現している。この星条旗は、日本軍の敷設《ふせつ》していた水道管に結び付けて掲げたものであり侵略の証拠だ。

不肖わたしはワシントンDCを職務で訪ねると、この国立戦没者墓苑に繰り返しお参りしている。すると記念碑の前で必ずと言っていいほど出逢う光景がある。記念碑を背景に日本の観光客のみなさんが楽しそうに、写真を撮っていらっしゃる。

しかし、この同胞（はらから）たちにあえて、ほんの少しお尋ねしてみると、硫黄島とは一体なんなのか、ほとんどご存じないことが多かった。たいへん多かった。

当然である。
日本では子どもにまったく教えないからだ。
硫黄島の戦いは共通暦（わたしはキリスト教のカレンダー、西暦をこう表現すること
を提案したい）の一九四五年二月から三月、すなわち沖縄戦の直前、そして広島と長崎
への原爆投下と敗戦の半年ほど前の戦いだった。
あろうことか、日本の学校の歴史教育はここまで届かないことが少なくない。
しかし敗戦こそ、七〇余年を経てなお、現在のわたしたちのほぼ全てを定めている。
拉致被害者の存在から子どもの減少に至るまで、重大な課題の大半である。
日本を主権国家と認めず「主権不全国家」に留《とど》めおく憲法をいまだに墨守し、日本を
弱めるための占領下の社会政策に実態として従い続けていることが根っこにある。
敗戦でつくられた日本国憲法の九条に「国の交戦権は、これを認めない」とあり、世
界のなかで日本だけ、北朝鮮という「国」に同胞を奪われても奪われても日本という
「国」は誰も助けに出さないから、拉致を北朝鮮は安心して続けた。
敗戦後の日本をつくった占領軍が「産児制限」（バースコントロール）は素晴らしい、

民主的な新しい生き方だという占領政策を推し進めて日本の国会議員とマスメディアがそれを広めたことが、今の人口減に直面する日本社会の土台を形成している。

わたしたち日本人が敗戦に慣れていたなら、話は全く別だった。

二千数百年間もほぼ同じ領土を保って独立国でいた、唯一の国が日本である。そこに諸説はあっても一系統を貫く皇室、すなわち天皇陛下のご存在を維持している。そんな国民も日本国民だけである。

諸国はどこであれ戦争に負けた歴史を持つ。戦争国家アメリカも、一七七六年の独立宣言という建国からたった一九九年後にベトナム戦争で大敗を喫した。その後のイラク戦争も、独裁者サッダーム・フセイン大統領こそ死刑に処したが、それが逆にテロリストの跳梁跋扈《ちょうりょうばっこ》を招き、テロリストには敗北したに等しいから米軍が撤退し、戦争反対を掲げる初の黒人大統領オバマさんが現れた。

ところが日本は、オリジナルカレンダーの皇紀で言えば建国、すなわち古代の時代に統一国家の概念を持ったことを意味する神武天皇の即位から実に二六〇五年後に初めて負けた。負けたことのない国がついに負けた。敗戦はこのたった一度きりだ。

だから、いまだに「勝ったときではなく負けた時にこそどうするか」が分かっていない。

分からないままなら「とにかく敗戦前の日本が悪かった」と自らの父祖を闇雲《やみくも》に否定することになるし、「とにかく勝ったアメリカの言うことを聞けばいいんだ」となってしまう。

そのために硫黄島には、後世のわたしたちのために戦死なさった同胞、昔のひとではなくてこの祖国の永い歴史のなかでわずか七十数年前の先輩がたの半数以上、およそ一万一千人以上の英霊が、今（共通暦二〇一八年の年央）も取り残されたままだ。硫黄島は東京都の一部、国内も国内、首都に属する島なのに、そこから故郷に帰れずにいらっしゃる。

これは「死ぬ理由、生きる理由─英霊の渇く島に問う」を改題し、「ぼくらの死生観─英霊の渇く島に問う」という新書として世に送り出すために本稿を執筆し始めたこの時、平成三〇年、共通暦二〇一八年の風薫る季節の生々しい現実だ。

硫黄島の同胞を、拉致被害者と同じく最後のおひとりまで故郷に取り戻す。あるいはどこのご出身の、どんなお名前の将兵だったかがもはや分からないときには、靖国神社と皇居に囲まれた千鳥ヶ淵の無名戦士の墓にお収めする。

これらを実現するかどうかは、単にご遺骨の帰郷を目指すということではない。

なぜアメリカは硫黄島の将兵を巨大なモニュメントにして後世に伝えているのか。

勝者だからか。

いや勝者なら、第二次世界大戦のほんとうは唯一の勝者だったアメリカには、他に山のようにいる。すくなくとも勝者というだけでは、硫黄島の兵士たちを選んで国立戦没者墓苑の前に置く理由にならない。

硫黄島の兵士が仮に敗者であったとしても、まさしくVALOR（勇気）、それはたとえば我欲のための蛮勇ではなく、いかなる苦しい情況にあっても勇気を持って戦友を扶《たす》け、共通の敵を挫《くじ》くという姿勢を変えないから、後世の国民に称揚《しょうよう》するのだ。

どんなに惨《むご》い戦場にあっても、祖国のために、人のために前へ進むことを捨てなかったからだ。

事実、この硫黄島では日米戦争で真珠湾攻撃を除けばほぼ唯一、米軍の戦死傷者は日本軍のそれを上回った。最終的には圧倒的な兵員数と装備で島を占領したが、単純な勝利とはとても言えない、あまりに苦い勝利であった。それなのに明々白々な勝利よりも、こちらを子どもに、後世と未来に続いていく国民に記憶させようとアメリカは努力してきたのだ。

だからアメリカは日本の帝国陸海軍の将兵のＶＡＬＯＲ（勇気）にも深い敬意を払い、そのために大戦後、硫黄島では毎年三月に日米合同の、敵味方が親しく共催する慰霊祭という世界に類例のない奇蹟《きせき》が行われている。

さて、硫黄島の英霊をみな故郷に取り戻す努力は今、どうなっているだろうか。

わたしは共通暦二〇一六年の六月に参議院選挙に参加した。

長年にわたり断り続けた出馬要請をついに受けたのは、これまで語ってきた通り、安倍晋三総理から「青山さんが国会に来れば、外務省が変わる。経産省も変わるな。自民党の部会に参加してくれれば国会議員も変わる」という、驚かされる電話があり、それでもなお、迷うわたし、独立総合研究所（独研）の社長だったわたしに、独研自然科学部長だった青山千春博士が「社長、後悔しますよ」と言い、社長秘書だった清水麻未

（現公設第一秘書の三浦麻未）が「社長、国益のためです」と言ったことが背中を押してくれたからだった。

しかし胸の裡《うち》では、この硫黄島の問題も深く根を降ろしていた。

わたしは、おのれを売り込まないことが不肖ながら信念、ささやかな生き方のひとつだ。だから選挙には出たくなかった。しかしその自分を押し切り、おのれの人生を壊してまで参院選に参加した理由のひとつは、間違いなく硫黄島である。

今でも忘れられない光景、いやわたし自身が対面していた官僚の顔がある。

前述の清水秘書（当時）とふたりで厚生労働省を訪ねて向かいあったキャリア官僚ふたりのお顔だ。時は共通暦二〇一六年の春頃だったと思う。わたしは民間の専門家の端くれ、正確に言うと日本初の独立系シンクタンクである独研の代表取締役社長・兼・首席研究員だった。

おふたりからは「硫黄島の遺骨収集はもう無理だ」「これでも異例の努力を重ねてきたんです。もうこれ以上、探しても多くは出てきませんよ」というニュアンスが強く伝わってきた。

もちろん、官僚はこんなに明瞭に言ったりはしない。もっと曖昧に、ありとあらゆる責任から逃げられるように柔らかく上手にお答えになる。

しかし意図は明白だった。安倍総理のリーダーシップで続けられてきた硫黄島の遺骨収拾を〝円満に〟打ち切りたい―そういうことだった。

この面会には経緯がある。

厚労省に限らず防衛省や内閣府の中にも「安倍総理の『硫黄島のご遺骨を取り戻せ』という指示には、民間の青山氏の進言が（わずかには、いくらかは）影響してきた」という考えの官僚が、一部ではあるがいらっしゃる。

前述のおふたりもそういう方々であり、民間人当時のわたしがある国会議員の会合に顔を出したときに、おふたりが近づいて来られて名刺を出し「厚労省に来ていただければ、硫黄島の遺骨収拾の現状をお話ししますよ」と仰《おっしゃ》った。

そこでわたしは、国士のひとりである清水秘書（清水は当時、二十歳台の未婚の若い女性であったが国士に男も女も年齢も関係ない）を伴って厚労省に足を運んだのだった。

日本の若い女子《じょし》が英霊の帰郷をわがことのように、真っすぐに真剣に考えているのが頼もしかった。

一部の官僚はなぜ、一民間人のわたしの考えが遺骨収拾という国費を費やす事業に（わずかながら）影響したと解釈していたのか。

その理由をわたしは官僚に聞いたことがない。聞いたとしても、こういう問いに官僚が本心を語ることはあり得ないからだ。そこで、あった事実をそのまま記しておく。

それは第一次安倍内閣で松岡利勝農林水産大臣（当時）が議員宿舎の自室でまさかの自死を果たしたときだった。林道汚職の内偵で追い込まれていたという有力な説があるが、真相は松岡さんがあの世に持って行ってしまった。安倍総理にとっても全く予測不能、突然の首吊《つ》り自殺だった。

これは共通暦二〇〇七年五月二八日のことだ。

その翌日、たまたまわたしは安倍総理とふたりだけで昼食を総理官邸でとる約束になっていた。

意外かも知れないが、わたしは、この原稿を書いている今日（二〇一八年六月一二日）に至るまで、安倍晋三というひととただの一度も親しく盃《さかずき》を汲み交わしたり晩ご飯を食べたことがない。

国会議員になる前も、なった後も全く同じである。

安倍総理が酒を呑《の》まなかったり、ひとと会食しないのではない。逆だ。安倍さんは親しみやすいお人であり、毎晩のように会合をもたれている。

わたしとは無い。わたしも人見知りをしない性格で大酒飲みだし、ひとと仲良く晩ご飯も食べる。しかし安倍総理とは、無い。

参議院議員になってから一度だけ、若手・中堅議員と女性評論家が安倍総理を囲む定例の酒席に複数の議員から「どうしても」と誘われ、末席に座っていると、やって来た安倍総理が驚いた顔で「青山さん、場違いな場に居るね」と仰った。

要は総理と利害関係をつくりたくない。

日韓合意に反対したり、中国の李克強首相の北海道入りに反対したり、聞き心地の良くない異見を言う関係でいたい。わたしが民間人の時代も、国会議員となった現在も変わらない。

だからこの昼食は、間違いなくワーキング・ランチだった。一対一、秘書官も含めて余人はまったく入らない。安倍総理が、わたしごとき端くれの専門家であっても外交・安全保障・危機管理について意見を聴きたいのだろうとは想像がついた。

ところが現職大臣の自決という憲政史上稀な異常事態が起きたから延期だと思った。

しかし意外にも総理官邸の事務方から「青山さんとの昼食会はやりたいと、総理が仰っています」という電話があった。

現職閣僚が亡くなったのだから、後任の大臣を選び任命し、皇居での認証式も陛下のもとで行わねばならない。それだけではなく内閣と与党内の動揺を抑えねばならない。

それがなぜ、予定通りなのか。

以下は、これまでにもある程度は記したことがある。そもそも親本（「死ぬ理由、生きる理由」）にもある。しかし今、よりしっかりと述べたい。

共通暦二〇〇七年の五月二九日、約束の正午よりかなり早く、わたしはひとりで総理官邸に向かった。

共同通信社編集局政治部に属した時代に、総理番記者あるいは官邸担当記者として毎日、通った官邸だ。しかし当時の、レンガの活かし方が印象的だった官邸、戦前の五・一五事件や二・二六事件の舞台にもなった総理官邸はすでに無く、校倉《あぜくら》造りをイメージした明るい新官邸に建て替わり、どこの部屋も廊下も見知らぬ場所だった。

総理と昼食を摂る部屋に通されると、そこはふたりきりのランチにしてはなぜかとても広く、大きなテーブルの上にもうお昼ごはんがふたり分、載っていた。

お汁の椀に、魚に漬け物、そして一杯のごはんという質素な献立てですでに冷え始めているようだった。

窓辺に寄ってみると、ちょうど、官邸の門前に安倍晋三総理、塩崎恭久官房長官をはじめ官邸の要人がみな並んで立っておられるのが眼に入った。そこに松岡さんの遺骸を乗せた車がやって来た。焼かれる前に、大臣を務めていた農水省の周りをはじめ霞が関と、国会、総理官邸や自由民主党本部のある永田町をめぐっているのだった。

安倍総理らはその車に向かって深々と頭を下げられた。

わたしはガランとした部屋のテーブルに戻り、総理を待った。

真正面の大きな扉が左右に開き、安倍総理が長身のＳＰ（Ｓｅｃｕｒｉｔｙ　Ｐｏｌ

ice／警視庁の警護官）を何人も従えて、登場された。

次の瞬間、総理はＳＰに眼で合図し、それだけでは足りないと思われたのか「もうここでいいです」と仰り、ひとりで部屋の奥へ歩を進め、その背後で扉は閉められた。

間近に座られた総理の眼をみて、わたしは、はっとした。

無意識に、最高権力者の目の色を予測していた。政治記者として歴代の総理を身近にみてきたからである。

『なんで現職の閣僚が首を吊ったりするんだよ。私の内閣を潰《つぶ》すつもりか』――もちろん松岡農水大臣が倒閣の意図で自死したというのではなく、なべて宰相はその内閣を持たせることに意を砕き、特に内部から、背後から内閣に打撃を与えられることを本音では死ぬほど恐れ、嫌っている。

すべての閣僚は総理大臣だけが任命権も罷免権も持つ。いわば、内閣を維持する限りはいちばん頼るべき身内である。

その閣僚が理由も告げずに首吊り自殺という大騒動を起こすと、本心ではまず怒りが先に立つはずだ。

安倍総理は、個人的な友だちでもあった松岡さんを礼を尽くして見送った直後だけに、門から官邸内部に戻りエレベーターに乗り、そして政治家ではなく利害関係も一切なく、つまり警戒する必要がまったくない不肖わたしとただ昼ごはんを食べるだけの部屋に入るときには、その本心の思いが、決して口には出さずとも、眼には顕《あらわ》れているだろうと、無意識に思い込んでいたのだ。

だが、その眼には、ただただ深い悲しみの色があるだけだった。

怒りや不満、あるいは内閣を率いる権力者としての保身の気配、それらをわずかにも感じることはなかった。

ひとりの友だちとの思わぬ永訣《えいけつ》に、こころの奥で向かいあっている。

わたしは、すこし述べたように安倍晋三総理と考えの違いは多々ある。この原稿のこの部分を書き下ろしている共通暦二〇一八年の六月初め現在でいえば、外国人労働者を単純労働にも受け容れることに反対、中国が日本の国土を買い漁っている北海道に李克強首相を迎え入れたような対中政策に反対、領土保全を二の次にする国家の溶解とも言うべき基本姿勢に反対、消費税を一〇%に引き上げることに反対、他にも日韓合意に依然、反対であることをはじめ総理とのあいだで異見は多い。

一方で憲法の改正、父系の皇統の永続的な維持、敗戦後の教育の根幹からの見直しといった国の基本政策では相通じるところが、しっかりとある。

だが、その改憲にしても、安倍総理が共通暦二〇一七年五月に突如、掲げた九条二項の温存案には反対し、別案を提案した（これは後述する）。

要は、安倍総理であれどなたであれ、国民と祖国のために是々非々で接するだけだ。

だからこそ、一国の総理大臣をはじめ要人とお会いする限られた機会の限られた時間では、何を僭越ながら議論すべきかをまず考える。

だが、このときの安倍晋三代議士の眼には、死を選んだ松岡利勝代議士への友情があるだけだった。

わたしの胸の裡には〝ｈｕｍａｎｅ〟という共通語（英語）も浮かんだ。世界のどんな厳しい現場でも光る言葉、「思いやり」である。

その瞬間、わたしは決心した。この一時間弱の場を、ただ硫黄島の英霊を故郷に取り戻す話だけを致そうと。

なぜ、現職閣僚の自死の翌日に、不肖わたしとのワーキング・ランチの予定を延期しなかったのか。それは総理に聞かずとも理解できると考えている。

おそらく「内閣が危機に直面するときこそ、外交・国家安全保障は特にしっかりと遂行していきたい。その分野の専門家の話は予定通りにきちんと聴く」ということだろう。

具体的には、とりわけ日米、日中、日露をめぐって議論なさりたいのだろう。

それにもかかわらず、わたしは硫黄島の話をしようと決めた。総理の午後の日程が始まる午後一時までの時間のすべてを使わないと、硫黄島の英霊をどうするかを話し切れない場合は、外交・安保の議論はすべて諦めてでもそれをやるとも瞬時に腹を決めた。

そのときのわたしが、安倍内閣の終焉《しゅうえん》、内閣がやがて倒されることを明瞭に予感していたからだった。

このときはまだ「第一次安倍内閣」という言葉は、この世に存在していなかった。そもそも当時の安倍政権が潰れる、潰されるという認識は政党にもマスメディアにも国民にもまだまだ薄かった。そして万一、安倍さんが退陣した場合に再登板があるなどと、ほぼ誰も考えていなかった。

日本の敗戦後の憲政史上、いったん退陣して再登板を果たしたのは吉田茂総理ただひとりだ。しかも吉田総理の退陣は追い込まれてのものではなく、続投を望まれながら、容共勢力に打撃を与えるために自ら戦略的にいったん退陣し、それから悠然と総理に復帰したのだった。

「引きずり降ろされた総理が、ふたたび甦る」という政治ドラマは一度も起きたことが無かった。

わたしは予言者ではない。

そのような優れた能力はない。

時代の先を読むことも簡単ではない。

ただ、ある人物の先行きがごく自然に脳裏に浮かぶことは起きる。

眼前の安倍晋三さん、五二歳（当時）がやがて総理の座を追われること、そしていつかは政権を再建するだろうことを、なぜか疑いなく感じていた。

もうひとつ、大切な点があった。

硫黄島のかつての戦場から、この時代に、英霊のご遺骨を故郷に取り戻すことが内閣

の重要命題のひとつになると理解する総理は安倍さんくらいしかいないだろうというこ
とだ。

だからとっさに、「総理でいる間に安倍さんに真実をお伝えしよう」、「そしていつか再登板される時に英霊の帰郷に取り組んでいただこう」と考えた。

前述したとおり、不肖わたしは安倍総理と何の利害関係もなく、晩ご飯を一度も食べたこともない間柄にすぎず、たまに電話して、その度に総理にとっては耳障りの悪い異見を述べるだけの関係だから、政権がこれから崩壊に向かってネガティヴに忙しい日々を迎えるなかで、もう二度と、こうやって一対一、ふたりきりで眼を見ながらお話しする機会はないだろうと理解できた。

そしてわたしは、総理が外交、安全保障について質問なさるまえに、いきなり、おのれが半年前の共通暦二〇〇六年一二月九日に防衛庁（当時）の正式許可を得て硫黄島に入り、敗戦後、民間人として初めて島内を自由に歩いたときのことを話し始めた。

それは、要点を取り出せばおおむね以下のように話していったのだった。

「原爆投下のおよそ半年まえ、共通暦一九四五年の二月から三月にかけて硫黄島で戦った日本人約二万一千人のうち二万人が殺され、すでに六〇年以上（当時）を経てなお一万三千人（当時）、すなわちおよそ六割五分もの英霊が夏には灼熱となる硫黄島に取り残されたままになっている」

「海外にいまだ取り残された英霊はおよそ一一九万人もいらっしゃる。海外の戦没者の四割ほどにのぼる。深刻な現状は、硫黄島だけではない」

「だが硫黄島は国内の島なのだ。それも首都東京の一部である。故郷に取り戻すうえで何の交渉も必要ない。外国政府と話し合う必要がない」

「それを故郷に取り戻さないどころか、関心もなく、国民にほとんど知られてもいないのは、この英霊を『悪者』と思い込んできたからだ」

「わたしたち敗戦後の日本に生まれ育った日本国民は、ひとり残らず、年齢・世代も性別も生まれた地も今も生きる地も何もかも関係なく『先の大戦で戦った日本人は悪いことをした』と幼時から学校とマスメディアに刷り込まれて育ったことが背景にある」

「しかし硫黄島の史実は、帝国陸軍の栗林忠道中将の指揮のもと、本土の女性や子どもを中心にアメリカ軍の空襲からから護るために、みずからの命を捧げられたひとびとであった」

アメリカ軍は、人口が密集する首都をはじめ本土爆撃の拠点に使うためにこそ首都から真っすぐ南へ下がった海に島々が連なる、東京都小笠原諸島、そのなかでもちょうど中間点になる硫黄島に目を付け、沖縄に先駆けて猛然と総攻撃を仕掛けた。したがって英霊をこのように見ることは偏った考え方ではゆめ、ない。

客観的な史実である。

しかしこの二万一千人の硫黄島を護る将兵のうち、職業軍人はその大半を海外で喪った戦争末期であったから約一千人だけ、実に二万人が普通の庶民、役場の職員であったり教師であったりサラリーマンであったり雑貨店主であったり、それも四十歳台が珍しくなく、いったん戦地に出て生還し妻や子をもうけて暮らしていたふつうの人々がアメリカの強力な海兵隊中心の大軍団と戦うために道具もないまま地を掘り壕を造って、その熱く暗くじめじめした地下壕に立てこもって戦いを引き延ばした。

硫黄島のアメリカ軍による占領が一日遅れれば遅れただけ爆撃が遅れ、本土の女性と子どもが生き延びて、そこからわたしたち次世代がこの世に生まれたのだった。

その英霊をふるさとに取り戻せば何が起きるか。

ここで、共通暦二〇一八年五月二二日に、わたしの地味なブログにいただいたコメントを紹介したい。すでにブログで公開しているものの一部である。


「硫黄島の英霊に想いを馳せて」

（以下、部分引用）

暑い日が来るたびに思い起こすことがあります。

その日も今日のような暑い日だったのですが、自分が青山さんに初めて出会ったのはＹｏｕＴｕｂｅの中です。いまでも覚えていますが、Ｇｏｏｇｌｅの検索欄に「武士道」と入れて検索したところ、上から三、四番目あたりに青山さんの動画が出てきたことを覚えています。そこから青山さんのことを知り、その日は一日中青山さんの動画や発信を見た覚えがあります。

そして当時、就活中だった自分はその日の夜、エントリーシートを書きながら青山さんと水道橋博士とのスペシャル番組である「ニッポンを考えナイト」というニッポン放送のラジオ番組を聞いていました。その番組で、就職活動で当時の（青山註　共同通信の）編集局長と争ったことやペルー事件で記者生活をやめることとなったことなどを聞いて非常に興味深かったことも覚えています。ただ、最も印象に残っているのが硫黄島のお話です。

硫黄島の戦いに関しては恥かしながら全く知りませんでした。二万人以上の民間人が祖国のために戦ったという事実を知り、本当に驚き、そして心に迫りました。さらに、青山さんの言葉で印象に残っている言葉があります。青山さんは、こう語られたと思います。「二万一千人（青山註　正しくはおよそ二万人）の方が亡くなった硫黄島。今は（青山註　たとえば）滑走路の下に閉じ込められていても、必ず故郷にお返しする。戦争を美化してるんじゃない、そうじゃなくて、故郷に帰られて何が起こるか。戦争を美化するんじゃない。戦争は殺し合いだ。ただ、故郷に帰って頂いて子ども達の前で、遺骨の前で、話を出来たら、虐められてる子どもが虐めている子どもと私《わたくし》の世界だけになるから死を選ぶ。これが、今は虐められてても、いずれは日本のため、祖国のため、みんなのために生きられると思ったら、死を選ぶ子どもも少なくなる」

この言葉は生涯忘れないと思いますし、自分の人生を大きく変えてくれた言葉です。話が長くなりましたが、暑い日になると、当時の青山さんの言葉を思い出す自分がいます。これからも、青山さんの発信に期待しています。八月までは忙しく、なかなかネットで発信を見れなくなりそうですが、どうにか虎ノ門ニュース（青山註　ネットテレビ）の前半一時間くらいは見れたらいいなと思っています（笑）。

青山さんの背中を追いかけて、自分の成すべきことに集中していきたいと思います。これからもご活躍期待しております。

（部分引用ここまで）

正直にお話ししたい。わたしはこの書き込みを読んで感謝した。感激した。

よくぞここまで、わたしのつたない話を正確に覚えてくださっていたと思う。

わたしの硫黄島をめぐる発言を聞かれた当時、おそらくは大学卒業を控えて就職活動中だったということは現在、三〇歳台の前半だろうか。ブログに書き込みをいただいたのは、たった今の現在であるから、依然として不肖わたしの発信に関心を持ち続けておられることに深く感謝しつつ、この「白井」さんという方が、豊かな気持ちで生涯、働いていかれることを、こころから祈ります。

わたしはこのような話、すなわちブログにコメントをくださった白井さんが記憶されている話も含めて、本稿に前述したことをすべて第一次政権の安倍総理に懸命にお話し続けた。

総理は冷えたお昼ごはんをどんどん平らげながら、ほとんど言葉を発せず、わたしの話を聴かれていた。

その表情には「なぜ今、その話？」、「なぜ外交・安全保障・危機管理の話をしないのか」という疑問が表れ、やがて呆れた顔に、そしてかすかにではあるが怒りも表れてきた。

正直、わたしは内心でいくらか参りつつ、おのれを励まして言った。

「総理、せめてこの内閣で硫黄島の名前を正してください」

安倍総理の表情はむしろ、無関心に近い。

わたしは言葉を続けた。

「硫黄島を、いおうとうではなく、いおうじまと日本政府をはじめ日本中が呼んでいるのは間違いです。アメリカ軍が硫黄島を攻撃するときにＩＷＯＪＩＭＡと間違って呼び、それを何と、戦争に負けたから勝者の誤りをそのまま定着させてしまったのが本当の経緯です。いおうじま、というのは鹿児島の別の火山島です。この敗戦の姿勢、負けを過剰に受け容れ勝者の言いなりになる姿勢は、敗戦後の日本の歩みを象徴しています」

「それが硫黄島の英霊を古里に取り戻さず、放置し、今は国会議員も忘れ果てていることに直結しています。硫黄島の島民の方々は、指揮官の栗林陸軍中将の英断で、硫黄島の北方の父島や母島、さらには本土の東京へ、戦闘の前に移られ、多く生き残られました。その島民の方々も、故郷の名をいおうとうに戻すよう強く望まれ、そして無視されています。これを正すことから、どうぞ始めてくださいませんか」

総理からほとんど答えはなかった。

そのまま時間切れとなり、安倍総理は次の日程のために部屋を出ていかれた。

わたしは総理の食器がみな空《から》になっているのを見て、危機のなかでも、あるいは潰瘍性大腸炎と戦いつつも健啖《けんたん》ぶりを発揮されることに、少し安堵した。そして、ほぼ原型のまま固まっている、おのれの食事を見た。

料理してくれた官邸のコックさんには、こころから申し訳なかった。けれども、限られた時間にせめて硫黄島のことだけは話し切るのに懸命で、とても昼ごはんを食べるどころではなかった。

『これからがスタートだ』と考えるように自分を説得しながら官邸を後にした。

これからわずか三か月半、同年（二〇〇七年）の九月一二日に、やはり安倍内閣は突然、倒れた。安倍総理は「潰瘍性大腸炎による腹痛の激化、体調の悪化」だけを理由にして記者会見で辞任を表明された。国民にとっては、まさしく寝耳に水、裏切りであった。

安倍晋三という人は、ほんとうは若い時代からこの病と戦ってこられた。その苦しみと向かいあうことがなければ、ただのお坊ちゃまだっただろう。苦しい闘病があればこそ、拉致被害者とその家族の苦しみがわかる人になり、拉致事件の連続を引き起こしたのが、国民を取り返しにいくことを認めない憲法九条にあることを深く理解するからこそ、憲法改正を掲げる政治家となったのだ。

腹痛と病の悪化だけで、突如として、政権を投げ出すような人ではない。

憲法の九六条が、まさしく自らを改正してくれることを期待して改憲の手続きを定め、そのなかで国民投票を行うことを規定している。ところが、改憲どころか自主憲法制定を掲げてきた自由民主党の歴代内閣は、この漠然とした「国民投票」について、では何歳から投票権があるのか、改憲賛成派、反対派それぞれの運動はどうするのかといった、実施するために不可欠な定めが何も無いまま座視してきた。

同じ九六条のなかに「まず衆参両院の総議員の三分の二以上の賛成があれば国民に発《ほっ》議《ぎ》する」という趣旨が定められている。これは一応、どうやるのか分かる。

国会の議決の常道として、まず委員会で過半数の賛成があれば本会議に上げる。憲法改正案の場合は委員会段階で特別な場、すなわち衆参両院の「憲法審査会」で過半数の賛成があれば、両院それぞれの本会議に上げる。ふだんはこの本会議で出席議員の過半数で法案が成立する。

しかし改憲案の場合は、まず、その場にいない議員、つまり病気や出張などで欠席している議員を含めた総議員で数えて、過半数ではなく三分の二以上の賛成があれば、つまり格段に高いハードルを超えれば、その改憲案を国民に向けて発議できる。

発議するとは国民投票にかけることである。

ところが、その国民投票をどう実施するのか、歴代の内閣は、いや内閣総理大臣は全く決めようとしてこなかったのだ。

自主憲法制定を高く掲げる自由民主党として何たる無責任なことだろうか。

第一次安倍政権が突然に倒れた謎を解くカギがここにある。

前述したように、言わばそれと一緒に育ってきた、安倍さんの人格形成の要にもなった病、それが宰相の多忙で悪化したとしてもそれで全責任をいきなり投げ出すわけではない。

また野党の側が、いくら倒閣運動を強めたとしても、それだけで国会で多数を持つ与党の内閣を倒すことは無理である。

すなわち与党、なかでも自由民主党の内部から内閣を引き倒す挙動がなければ内閣は倒れない。

その証左のひとつは、再登板の安倍内閣、それも憲法九条の改正案を自由民主党がまとめあげようとする時に顕れた。

共通暦二〇一七年の五月三日の憲法記念日に「第九条の第二項はそのまま残して自衛

隊は合憲であるという規定だけを加える」という、それまでの自由民主党案、「二項は削除する」の大転換をこれも突如、再登板後の安倍総理は打ち出した。

わたしは「自衛隊を現状で固定することは決してあってはならない」と強く反対した。なぜか。

九条の二項は「陸海空軍（だけではなく）その他の戦力は、これを保持しない」と定め、さらに「国の交戦権は、これを認めない」と事実上、日本が主権国家であることも否定し、自衛隊は間違いなくその異常な制約、縛りを受けているからだ。そのために自衛隊は有事・戦争のときはもちろん、自然災害でもまともに動けない。

わたしは共通暦二〇一六年に参議院議員になってから自由民主党の憲法改正推進本部の全体会合で、たとえば次の事実を指摘した。

一九九五年一月一七日に阪神淡路大震災が起きたとき、不肖わたしは防衛庁（当時）担当の共同通信の記者だった。

その取材現場で、自衛隊が憲法九条の縛りのために国民を救えない、信じられない現実を幾つも目の当たりにした。本稿はあくまで硫黄島の英霊の帰郷をめぐる記述であるから、そのなかでひとつだけ取り出して証言しておきたい。

わたしは神戸生まれだ。同じ神戸っ子が生きながら焼かれるのを、それを阻む任務を担う防衛庁のただ中で体験した。

阪神淡路大震災は、その一六年後に起きた東日本大震災とは違って原子力災害もなければ津波もなかった。その代わり、広い被災地のなかで神戸市内を中心にした都市部では瓦礫《がれき》の量も、車の台数も、格段に多かった。

地震の発生は火曜日の午前四時五六分だ。たとえば登校前と言うよりは起床前の生徒が下半身を瓦礫に挟まれ動けなくなった。しかし上半身は無事で両親とも話していた。やがて警察官が駆けつけ消防官も駆けつけ、いったん避難した近所の人にも戻ってきてくれる人があり、家族と協力して瓦礫を剥がそうとしたが、どうしても剥がせない。これを剥がせるのは自衛隊だけだ。その生徒に、火が迫ってきた。

火は最初は神戸市内の一部からあがっているように見えた。だが次第に火は広がり、やがて、あのエキゾチックでいて庶民的な神戸の街を、業火で焼き尽くすかの勢いとなった。

そのとき自衛隊はどうしていたか。そもそも出動が遅れたという問題がある。その原因と責任についてはいまだ完全には決着していない。しかし、それを別にしても、ようやく出動できた陸上自衛隊の部隊はまず赤信号で停止した。パトカーも救急車も消防車も緊急時には赤信号を、注意しながらも突破できる。

だが自衛隊車両は突破できない。じっと青信号を待つのである。

これだけなら、まだいい。

信号ならすぐ変わる。何時間も解消しない、災害時の渋滞を前にして、じっと、待っていたのだ。

自衛隊の本来の能力を発揮して良いなら、どんなに大型の乗用車やバス、トラックの渋滞でも陸上自衛隊の車両はそれを両横に寄せて間を通ることができる。万が一、それができなくとも渋滞の上に乗っかって通ることすらできる。どんなに高価な乗用車でも人の命より高いということはない。

日本以外の全ての国の軍隊は、迷わず渋滞なぞ突破して、自国民を救う。自衛隊はそれをやらせてもらえない。時差もない、あまりに近い隣国に拉致された自国民がいると知っていながら四〇年も五〇年も放置して救出にいけないのと本質的に全く同じである。どうしてこうなるか。

日本以外の全ての国の軍隊、それは同じ戦争で同じ相手に負けたドイツの「ドイツ連邦軍」も含めて、軍は「これだけはしてはいけない」というネガティヴ・リストを持っている。たとえば「捕虜は虐待するな」「敵が降伏したら殺傷するな」というような国際法の定めるリストだ。つまり、逆に言えば、それ以外のありとあらゆることは国民を護るために、いつでもどこでもやりなさい、ということだ。

ところが世界で自衛隊だけが「これだけはしてもいいよ」、すなわちポジティヴ・リストを持たされている。

これだと、憲法か法律に明記されていることしか自衛隊は、いつでもどこでも永遠にできない。そして自衛隊を必要とする危機を全てあらかじめ予見することは人間には絶対にできない。

地震による火災で人間が生きたまま焼かれるときに渋滞があったら―という想定もできていなかった。災害でなくとも、イラクの復興支援に行った自衛官は眼の前に重武装のテロリストが現れても「こういうケースでも発砲して良い」と法律に書いてない限り対抗できないし、書いてないと正当防衛しかなくて、正当防衛となるのは日本の法律では相手が先に発砲した場合だけだから、幸運にもその弾丸が外れてくれない限り、どんなに国費を投じて、本人の志も高く訓練された自衛官であってもただ死ぬだけである。

国民を護るどころではない。

なぜ自衛隊だけがこうなのか。

どんな国であっても、「陸海空軍も駄目だし、それ以外も国民と国を護る武装手段は一切、持ってはいけない」とか、「相手が国家（他国）であれば何をされても、少年少女も含めて好きなように国民を自国の領内で拉致されようが何もしてはナラヌ」と決めている、奇怪千万な憲法など日本以外、世界広しといえどもあるわけがないからだ。

話が逸れたとお思いですか？

いや、残念ながらちっとも逸れてはおりませぬ。

世界のどこに、祖国のために、ひとつしか無い、二度と戻ってはこないおのれの命を捧げたかたがたの膨大なご遺骨を、首都のテリトリーから故郷に帰すことすらしない国がありましょうか。

そんなことをすれば、国民の誰も二度と国を護ろうとしなくなる。だから、もう一度、申します、同じ戦争で同じ相手に負けたドイツも含めて、世界のどこを見ても他に存在しない。このような奇怪な国家、いや国民を護るのが国家の任務であるから、国とはいえない国が敗戦からたった今までの日本である。

だからこそ日本国東京都小笠原諸島の硫黄島のぼくらの同胞（はらから）、若い世代にとってもまだ祖父、曽祖父にあたる近い先輩のかたがたは、拉致被害者と不幸にもまるで同じく、何十の重い歳月が経とうが放ったらかしにされるのだ。

場面を共通暦二〇一七年一二月二〇日の自由民主党本部の九階に移そう。

党本部のなかで、もっとも広いこの部屋「九〇一」にて憲法改正推進本部の全体会合が開かれ、テーマは第九条の改正を含む四項目が示されていた。

（党の配布した文書によると①自衛隊②緊急事態③（参院選での）合区解消④教育充実）

一回生議員に過ぎない不肖わたしは、胸の裡《うち》で、ある決意と覚悟を定めて、この全体会合に参加した。

しかしどなたにも、すなわち志を同じくする若手・中堅の国士の衆参両議院のかたがたにも、そして苦楽を共にする公設政策秘書、公設第一、公設第二秘書の三人にも一言も語らずにいた。

この会合が開かれたときの憲法改正の本丸中の本丸、第九条の改正をめぐる情況はどうだったか。

前述の安倍総理発言、二〇一七年五月三日の「九条は一項も二項もそのままにして、自衛隊は合憲だということだけを付け加える」という驚きの新提案があって以来、「それでいい」という圧倒的多数派の自由民主党議員と、「いや二項は当初の案通り削れ」と主張する石破茂・元防衛大臣（元幹事長、元国家戦略担当大臣）が鋭く対立し、総理案による取りまとめを明らかに目指している首脳陣（憲法改正推進本部の細田博之本部長ら、いわゆるインナー陣）が苦労している情況にあった。

この年末の会合のおよそ一か月前、二〇一七年の一一月にわたしは非公式にこう耳に挟んだ。「年内は安倍案、石破案の両論併記で行く」。

こう聞いた瞬間、わたしは「あ、年明け早々に安倍総理案での取りまとめで押し切るんだ」と悟った。

『現状の総理案で自由民主党の九条改正案が決まってしまうことだけは避けねばならない。自衛隊が現状で固定されれば自衛官にとっても国民にとってもオシマイだ。では、どうするのか。この鈍い頭で、総理案の欠陥をなくせる新案を考えるほかない』

そう考えた。石破案でも駄目である。なぜなら、それでは国会で三分の二の賛成を得る可能性が現時点ではゼロだからだ。つまり石破さんの本来の見識と志とは真逆に「当面、九条改正はしない」と宣言するのと同じだ。

この時点、そして本稿を書いている現在（共通暦二〇一八年六月）も同じく、自由民主党・こころの参議院会派は一二五議席。仮に連立与党の公明党と改憲派の日本維新の党の議席を加えても、三分の二には一議席足りない。衆議院では自公で三分の二を三議席上回っている。少なくとも公明党が賛成しないと現実には国民に発議する可能性は生まれない。

そして不肖わたしはこれも非公式に「安倍発言の裏には自由民主党の高村正彦副総裁が公明党の北側一雄副代表との秘密交渉で『二項をそのまま残すなら賛成する』という

合意を取りつけたことがある」と聞いていた。

　そこで、共通暦二〇一七年一二月二〇日の全体会合で挙手し「新提案があります」と唐突に発言した。

　根回しも相談も事前に一切しなかったのは、どなたにも迷惑をかけたくない、とりわけ自然に集まって「不朽焼鳥会議」（文字通り焼き鳥屋さんに割り勘で集まり新しい理念としての戦略を論じる国会議員の会）のみんなを、総理と首脳陣に逆らうという立場に追い込みたくなかったことが第一の理由だ。

　もうひとつは、根回しも何もなく突然に提案してみて、それぞれが国民の代表である国会議員たちのストレートな反応を見てみたかった。

　もしも賛同者が誰もいなければ、新提案を諦めよう。しかし総理案には賛成できないから、憲法という至高の重大事で党の方針に逆らう以上は離党まで進まねばならない。秘書陣にも心配をかけるから事前には相談できない。こう考えていた。

　さぁ、わたしは会合で高く挙手した。石破さんの発言のあとである。自由民主党は懐が深く、わたしのように一回生に過ぎない無派閥議員であっても全く平等に、手を見えるように挙げさえすれば必ず発言できる。

立ってまず、「不肖わたしはこれまで、九条の第二項をそのまま残すという安倍総理の案に反対してきました。これを今、撤回します」と発言した。

広い部屋を埋《うず》め尽くした多数の議員たちが一瞬、静まり返ったように感じた。

すぐ「そんなはずはない」と思い直した。そんなインパクトがあるほど、わたしごときの反対は注目などされていないと本当に思った。

そして「その代わり、新提案があります」と述べた。

今度は、はっきりと眼に見えた。何人もの議員が急に胸元からペンを取り出したり、用紙に前屈みになったり、つまりはメモを取る姿勢になった。

正直、意外に思ったが、そのまま続けた。

「第九条の末尾にこう加えます。『第三項　本九条は自衛権の発動を妨げない』。これだけです」

すぐ座ろうとした。あまりに短い、説明の足りない発言である。それを知りつつ『改憲をめぐる重要な会合に、これほど出席議員が多い。おのれの発言はできるだけ簡潔にすべきだ』という考えが頭を占め、同時に『説明に多弁を要するような案ではそもそも駄目だ。国民投票で通用しない。あえて説明せずにおこう』とあらかじめ決めていた考えも変わらなかった。

座りながら「あっ」と思い起こした。ひとつだけは説明しようと考えていたことまで省いていることに気づいたからだ。

もう一度、立ち上がりながら首脳陣に「一点だけ補足させてください」と言葉を発し、幸いにも認められた。

「自衛隊ではなく自衛権です。主権国家は本来、国際法によれば国軍を持つことができます。自衛隊は軍法がなく、国軍ではありません。憲法に自衛隊と書いてしまえば，それで固定されてしまいます。したがって（安倍総理案の）自衛隊を明記ではなく、自衛権と書くべきです」

これだけを述べて、着席し、他の議員の発言に耳を傾けた。

たくさんの議員がどっと手を挙げた。

一回生議員の突然の提案など無かったかのように扱われるかなと思っていると、国際政治学者にして閣僚経験者でもある猪口邦子参院議員が「先ほどの青山先生の提案は、非常に重要な提案です。これならほんとうに憲法改正に踏み出せると思います」と発言された。

正直、驚いていると、元産経新聞政治部長の中堅参院議員、北村経夫さん、外務省出身の同期参院議員、松川るいさん、そして元環境副大臣の関芳弘衆院議員に、航空自衛隊出身の宇都隆史参院議員らが「青山提案」と明言して次から次と賛同なさった。

これほど賛成が集中したのは、不肖わたしのささやかな提案だけだった。

だが、それで浮かれることはいささかもなかった。

翌朝に朝日新聞を見ると、多くの議員の発言を細かく紹介している。朝日新聞が、憲法改正に繋がる動き、それも自由民主党内の動きをこれほど一見は丁寧に報じるのはまことに珍しい。

ところが、わたしの提案はただの一字も報じていない。それだけではなく、あの相次いだ賛成議員の発言を、わたしの提案への賛意以外にその議員が示した見解も含めてすべて無かったことにした。

一九年の記者経験と、朝日内部の知友のふだんの言動から、理由は容易に想像がついた。

この案ならほんとうに、九条改正が成立してしまうからだ。

わたしという国会議員は居ない、この世に存在しないことにされるのは、もう慣れっこである。

たとえば予算委員会で質問に立ち、鳥インフルエンザや狂牛病、口蹄疫と闘うために獣医学部新設を懸命に働きかけた加戸守行・前愛媛県知事の証言を引き出しても、質疑自体が無かったかのように公共放送のNHKや民放全局のニュース、そしても朝日をはじめ新聞各紙も、通信社も扱った。

だが、この朝にいつもの「手口」の報道ぶりを見てわたしはむしろ意を強くした。初めて「これは、やれる」と予感した。

そして「ここからは、政党政治のなかで動くべきを動こう」と決意した。それは、多数派の形成と根回しだ。ふつうはこれを事前にやる。しかし不肖わたしは、国民投票が待ち構える憲法改正については、そしてただの一回生議員として貫くべき謙虚な姿勢としては、事前にやるべきでないと考えていた。

根回し抜き、すなわち詳しい説明もないままピンとくる案かどうかをまず、確かめる。確かめられて初めて、賛成者を増やすべく動くのだ。

国会に出てからわたしは週末もすべて毎朝、四時五分頃に起床する、四時にやっと仮眠に入っても五分後に起きる。すぐ、時差のある国の知友と電話やEメールで議論するとともに、四時すぎに届く産経、朝日の二紙をしっかり読む。問題記事があれば、情報源かと想像できる官僚らが役所などに出てしまう前に電話する。

この朝もそのようにしたあと、国会に参院全議員のなかで一番乗りし、審議の合間に山田宏参院議員の部屋を訪ねた。

この山田さんは参議院こそ、わたしと同じ初当選組だが、衆議院議員を務め東京都杉並区長として三期の行政実績もある国士だ。

前述の焼鳥会議は実はこの山田さんの発案だ。本会議場の座席が当初、たまたま隣だったことがご縁になった。それまで一度もお会いしたことも無い。山田さんが思いがけなく「青山繁晴先生を囲む焼鳥会議」を呼びかけられ、不肖わたしが驚きつつ「それは僭越に過ぎます」とお願いして「青山を囲む」は外してもらい、代わりに「不朽焼鳥会議」と命名したのだった。吉田松陰師の「死して不朽の見込みあらばいつでも死ぬべし。生きて大業の見込みあらばいつでも生くべし」から採った。

さて、この山田議員に前日の提案を話した。たまたま山田さんは欠席だったのだ。

「あ、それはいい。いい案だ。やりましょう」

行動派にして勘のいい山田宏さんは小さく叫ぶように仰った。

わたしは「まず勉強会をつくりましょう。党の憲法改正推進本部の首脳陣は実質的に安倍総理案をそのまま党の案にするために動いていると考えます。それを変えてもらうにはまず土台が必要です」

山田さんは即、衆議院側の国士、長尾敬《たかし》代議士に連絡をとった。

長尾さんはこの前年の十月二二日の総選挙で一時期、党本部の調査では苦闘されていた。わたしはささやかに応援に入り、最終日に大阪・八尾の近鉄駅前の広大な広場を埋《うず》めるように雨のなか集まった民衆に、長尾さんと共に「憲法九条を改正し、拉致被害者を救出しよう」と叫び、立場がそれぞれ違うはずの有権者から怒濤《どとう》のように共感の声が湧きあがった。山田さんがこの長尾代議士に勉強会のいわば事務局長役をお願いしたのは正しい。

そして勉強会は発足し、参議院法制局のプロたちと共に議論を重ねた。一方でわたしは、自由民主党憲法改正推進本部の首脳陣の大物議員をひとりひとり訪ねた。新提案を党の九条改正案に組み込んでいただくよう、いや、より根本的な国家論からお話をし、総理案から踏み出すことを静かにお願いして回った。

そのなかには総理案の最重要のブレーンである高村正彦副総裁も含まれていたし、取りまとめの最高責任者である細田博之本部長をはじめ主要な方々とはみな一対一でじっくりお会いすることができた。

国会通の出口《いでぐち》太・公設政策秘書によると「みなさん、議員（わたしのこと）の話を聴きたいんですよ」となる。これは身びいきである。客観的に言えば、聞く耳を持つ、党の体質である。

それから、不肖わたしとは異なる意見を終始一貫、憲法改正推進本部の会合で仰っている石破茂・元防衛大臣も議員会館の部屋に訪ねて、ゆっくりお話しした。

わたしが勉強会でも根回しでも常に申しあげた最大の要点は次のようなことだ。

「自衛権の発動を妨げない」

この短くも短い第三項だけで、積み重なった諸問題が一気に解決する。

九条第二項の極めて大きな問題、すなわち陸海空軍だけではなく「その他の戦力」の保持もすべて禁止していること、そして主権国家の根幹である交戦権が否定されていること、いずれも実害がなくなる。

日本は侵略戦争はしないからである。

九条を含め現憲法は占領軍が英文で原案をつくったものであることは国立国会図書館に、まさしくその英文原案そのものが保存されているから疑いようもない。一八歳以上なら誰でもこのコピーを手に入れられる。あるいはネットでも入手できる。

九条二項の「その他の戦力」は、この英文の原案ではother war potentialとなっている。正しく訳せば「その他の、戦争をする潜在能力」である。また同じ二項の「交戦権」はthe right of belligerencyだ。belligerencyとは、英米人でも知っているとは限らない言葉だが「交戦」というだけではなく「好戦的」というニュアンスを持つ。それを含めてきちんと訳すと「好戦的であろうとする権利」となる。

すなわち、いずれの規定も、日本が国家主権の本体として国民を護る手段を持つことをすべて否定するよりも、戦争を好む体制を採らず、そうした体質を脱するという意味合いが強い。それを、日本は敗戦によって国民を自ら護る権利を永遠にすべて喪ったかのような、まことに重大な国際法違反、もっとあからさまに言えば滅茶苦茶な、おのれを貶める日本語の条文にしたのは、ほかならぬ日本国の内閣だったのだ。安倍総理案で固定されるのは、現状の自衛隊だけではない。この誤てる歴史を未来に向けて固定することにもなる。

ところが「自衛権の発動を妨げない」の第三項を九条に加えると、逆に「好戦的であろうとはしない」という意思が二項で強調され、幾千万人を殺害しいまだ正確な死者を確定することもできない第二次世界大戦の悲惨から勝者、敗者の別なく学ぶという肯定面が出てくる。

また「自衛権の発動」を否定できる人は基本的にいない。

それでも野党やオールドメディアはさまざまな曲解により妨害をするだろうが、国民投票で勝てる可能性は突然のようにどーんと跳ね上がる。

これによって、九条改正を発議したものの、国民投票で負けたらかえって自衛隊が存在根拠を喪うという巨大リスクを回避できる━このような説明を重ねた。

そのあと野を越え山を越えていった過程は、この「ぼくらの死生観」のための本稿では、もはや記さない。

しかし、こういう言い方を許してください。

『最初の奇蹟は起きた。だが同時に、それはあくまで始まりに過ぎない』

最初の奇蹟というのは何か。

それは自由民主党がまとめた九条改正の最終案（註1）のなかに「自衛の措置をとることを妨げず」という一文の入ったことだ。

しかも、この最終案が公式文書として公表される四日前に、党所属の全議員に配られた説明文書（註2）には「自衛の措置＝自衛権」という注釈が書かれていた。


【註1】西暦二〇一八年／平成三〇年三月二六日付の自由民主党憲法改正推進本部・公式文書「憲法改正に関する議論の状況について」

【註2】同年三月二二日付の同本部公式文書「自衛隊の明記についての条文イメージ　たたき台素案」

事実上、一回生議員の提案をほぼそのまま受け容れたのである。

もちろん他の議員の意見も採り入れているから九条改正最終案の条文は長くなっている。

「（第九条全体を維持した上で、追加）

第九条の二　前条の規定は、我が国の平和と独立を守り、国及び国民の安全を保つために必要な自衛の措置をとることを妨げず、そのための実力組織として、法律の定めるところにより、内閣の首長たる内閣総理大臣を最高の指揮監督者とする自衛隊を保持する。

② 自衛隊の行動は、法律の定めるところにより、国会の承認その他の統制に服する。」

（青山註　傍線は原文にはない。本稿で分かりやすくするために入れた）

明らかに長すぎる。「内閣の首長たる」といった無駄な表現もある。構成も「九条にシンプルに第三項を加えるのではなく、現状の九条にいわば『その二』を加えて、その中がさらにふたつに分かれるという複雑な構成になってしまっている。

だが、もともと自由民主党はこの案について「原文のまま衆参両院の憲法審査会で過半数の賛成を得て本会議に上げ、総議員の三分の二以上の賛成を得て、国民投票にかける」という手法、スケジュールを採るつもりがない。

まずは両院の憲法審査会で野党の意見も入れて修正することを考えているから、文章をあえて削り込んでいないとも言える。

ただ、不肖わたしが「九条に第三項として『自衛権の発動を妨げない』を加える。ただ、それだけ」という簡素な案を自由民主党の内部だけではなくブログを通じて広く一般に公開したとき、国民からどっと予想外の大きな反響が来て驚いた。

ブログへの非常にたくさんの書き込みのなかに「美しい」、「この簡潔さが美しい」、「日本の国柄に合っていて清められた感覚がある」という書き込みが相次いだのは事実だ。

こうしたことがあるにしても、自由民主党が慎重に、穏やかに「自衛権の発動を妨げない」という思想のある重要な新規定を盛り込んだことの大きな意義、大袈裟にならないようにしつつありのままに申せば、歴史的な意義は何よりも価値がある。

いくら懐の深い政党といっても、正直、一驚《いっきょう》した。

ましてや、自由民主党・憲法改正推進本部の首脳陣は多くのひとが「自衛権というのは駄目だ」と断言されていたのだ。

その理由は「自衛権と言った瞬間に、平和安保法制のときの国会の激しい衝突をみな思い起こし、野党は集団的自衛権は認めないと総攻撃してくるに違いないから」ということだった。

それがなぜ、一変したのか。

わたしはこの九条改正をめぐっては、安倍総理にはあえて一言《ひとこと》も話していない。民間専門家の時代に総理に勝手に電話して異見を述べていたことを使って、みなの知らないところでトップに話し、究極のトップダウンを狙うというやり方は、わたしは、しない。

では、なぜ？

ひとつには前述のように首脳陣と一対一で議論したときに次の問いかけを僭越ながら致したことが、かすかには影響したかもしれないと考えている。

「党の憲法改正推進本部で議論をしていて、あらためて気づいたことがあります。それは敗戦後の歴史について、ざっくりふたつの立場があるということです」

「ひとつは、復興から現在に至る歩みは、ほぼ全てこれで良かったんだという立場です」

「もうひとつは、経済は今、デフレで苦しんでいても基本的に良かった、しかし国家にとっていちばん肝心なこと、すなわち国民を護ること、安全保障については黒い大きな穴が開いているという立場です。拉致被害者はまさしく、そこに呑み込まれました。北朝鮮という外国に自国民を奪われながら誰も取り返しに行かない。立派な自衛官が二十数万人いるのに誰も行かない。本当は行かないのではなく、行けない。国民を救ってはならない。


これを考えれば、九条に自衛隊の存在と役割を現状のままむしろ固定して加えるだけで良しとすることをしてはならないのではないでしょうか」

これを静かに話すうち、深々と頷かれる首脳陣は実は多かった。

不肖わたしの意見など、ほとんど影響はしていない。

しかしわたしの提供した、つたないきっかけから、ご自分で考えられた首脳陣もいらっしゃったのではないだろうか。

こうしてオールドメディアと、いわゆる護憲派（憲法九六条の改正条項を軽視か無視しているから実は全く護憲派ではない）にとっては「悪夢のような、まさかの変化」（野党の長い知友）が政権党に起きて、オールドメディアと野党の連合はモリカケの再燃をはじめ改憲阻止に全力を挙げて、いったんは九条改正どころかあらゆる憲法改正は憲法審査会での議論開始すらできず、後にずらされた。

西暦二〇一九年、平成三一年の四月三〇日に今上陛下のご譲位があることを考えれば、激しい議論の衝突は暫くできなくなる。常識論で言えば、極端に早まっても同年夏の参議院選挙と同時期、本当は同年秋の臨時国会以降になるだろう。

しかし、いちど灯った明かりは消えてはいない。

やがての前進を、党利党略のためでなく、ただ国民を護るために、国家の役割を果たすために、そして拉致被害者を最後のひとりまで取り戻すために、倦《う》まず弛《たゆ》まず試みていけばよい。

そしてこの憲法九条の改正こそ、硫黄島の英霊の帰郷を実現することと表裏一体だ。

なぜなら、九条が主権国家と国際法にふさわしく改正されれば、国民を護ることは国家のあらゆる仕事、任務のなかで最も普遍的で、尊いことだという世界共通の認識が、この日本社会に甦ることに繋がる。それがみんなに分かるようになれば、まさしく、おのれ以外のひとのため、自分以外の日本国民のために、かけがえのない命を捧げられた魂とご遺骨を打ち捨てたままで居られるはずもない、まっとうな社会に戻るからだ。

そして、そのまっとうな社会なら、ぼくらの同胞（はらから）である拉致被害者を最後の一人まで必ず取り返そうとするし、二度と同胞が奪われない国と社会を建設するだろう。

では、現在の硫黄島でのご遺骨収集は、実際にどう進んでいるだろうか。

共通暦二〇〇七年五月二九日の昼に、不肖わたしが第一次政権当時の安倍総理に硫黄島の真実をお話ししたとき、総理はそれをほぼご存じなかった。

安倍総理はしかし、その後にみっつのことをなさった。

ひとつは政権のあるうちに国土地理院に問い、そして働き掛け、硫黄島の名を誤てる「いおうじま」から正しく「いおうとう」に戻すよう努力なさった。

その結果、第一次安倍政権が倒れる前の二〇〇七年六月に国土地理院は国が責任を持つ地図、地理情報などについて「いおうとう」とするよう、敗戦前の正しい呼び名に戻すよう発令した。島民の粘り強い要請も大きかった。

ふたつ目は、不肖わたしが延々と昼食時に話したことが事実かどうかを、その後に調べられた。

みっつ目は、それが事実であることを確認されたために、ご遺骨収集に予算を充て、本格化させることに力を尽くされた。

これは第一次安倍政権のあとの内閣、すなわち福田、麻生の両内閣、そして民主党政権下においても受け継がれ、わたしが安倍総理に無理を押して話したときにはおよそ一万三千人の英霊が島に取り残されていたのが、現在（共通暦二〇一八年六月）ではおよそ一万一千人まで減った。

だが、これでなお、実に半数を大きく超える先輩のかたがたが取り残されたままなのである。硫黄島の帝国陸海軍の戦死者はおよそ二万人に及ぶからだ。

では、これほどまでに探索してなお見つからない、取り残されたままの夥《おびただ》しいご遺骨は一体、どこに眠っておられるのか。

硫黄島は狭い島である。島の全周は二二キロメートル、島をぐるり一周して走ってもハーフマラソンしかできない。総面積は二三・七平方キロメートル、東京二三区のうち北区とほぼ同じ広さだ。

安倍さんの決断で国の努力がやっと本格的に始まってからの遺骨収集、それまでの涙なくして語れない苦しい努力、すなわち主として、わずかに生き残った戦友たち、英霊の遺族、そしてボランティアの学生たちによって続けられた遺骨収集も合わせて申せば、もう島のありとあらゆる場所で収集が行われてきたのである。

それでもまだ半分に届かない。

一体、英霊はどこにいらっしゃるのか。

実は遺骨収集集の手が本当にはまだ及んでいない場所、それも広大な場所が一か所、残っている。

そうです。滑走路である。

硫黄島には帝国海軍の造った滑走路（千鳥飛行場など）があったが、アメリカ軍は島を占領後、当時の超大型爆撃機B29も不時着できる格段に大きな滑走路を造った。そのとき日本の将兵の遺骸を回収して弔ったりはしていない。取り急ぎ、いや実態に沿っていえば手荒に一部遺骸を集めて埋めることはあった。事実、現滑走路の西側に、いわば「集団埋葬地」は見つかっている。ただし、これは墓地ではまったく無い。滑走路の造成に直接、邪魔になる遺体を要は、退《ど》けただけである。

そして今、みなさんが硫黄島の地図（⑤頁参照）を見ていただくと一目瞭然だ。狭い島のど真ん中を占有しているのは、まさしく滑走路だ。

したがって滑走路の下に閉じ込められているのではないかという疑いは当然ながら、古くからあった。

わたしが西暦二〇〇六年にアメリカの俳優および監督クリント・イーストウッドのつくった硫黄島を舞台にした映画から、硫黄島に取り残された英霊の存在にようやくにして眼を開かれ、資料を調べ始めたときの最初から「多くのご遺骨は滑走路の下だ」という見解、分析を聞いた。

評論家からの話などではない。評論家も学者も硫黄島の英霊など関心を持っていなかった。

申せる範囲でいえば、非公開の資料を日常的に見る立場の防衛庁（当時／現・防衛省）戦史部（現・防衛研究所戦史研究センター）に関わる、あるいは関わっていた複数の人々からである。

アメリカ軍が日本本土の非戦闘員、主として赤ちゃんや子どもや女性、つまり日本の未来を造る国民を爆撃で殺害するために造ったこの滑走路は西暦一九六八年、自衛隊の手に移された。

沖縄の祖国復帰に先駆けること四年、そのとき硫黄島は日本に復帰したからだ。以来ずっと、自衛隊機と海上保安庁機とアメリカ軍機が離着陸している。

文章はもっと実感、いや肉感を伝えるべきだと思う。硫黄島に定期便として飛んでいる自衛隊の輸送機Ｃ１３０（海自は１３０Ｒ／空自は１３０Ｈ）は空荷でも実に三三〜三四トンという重さである。

それ以外のいかなる航空機でも、車より軽い機体はないし、そもそも車がいわば横に走るのと違って機体は上からどーんと降りて来るのだ。

西暦一九四五年三月に硫黄島で組織的戦闘が終わってから本稿を執筆している現在

（二〇一八年六月）から七三年あまり、いや一九六八年に日本に島が戻ってからすでにちょうど半世紀、滑走路の下のわたしたちの先輩はまだ全身の骨格が保たれていた時からずっと永きにわたって、凄まじい衝撃を潰されるように浴びてきたのである。

こんな国がほかに世界に存在すると思いますか？

敗戦後のぼくらの社会とは、耳に聞こえない慟哭《どうこく》の世であり続けている。

こころの耳だけで聴くことのできる、その慟哭を、これから魂を澄ませて聴きませんか。

この滑走路を引き剥がすとなると、試算によっては予算が五百億円を超え、しかも掘り返している間に使う別の代用滑走路を造らねばならない。

そのために、まずは地中レーダーを使って滑走路の下を探ることになった。

不肖わたしは前述したように西暦二〇〇六年一二月九日に防衛庁（当時）の正式許可を得て、「ただし防衛庁は一切協力しない」という実はとても苛酷な条件のもとで、硫黄島に入った。

しかし民間人として敗戦後初めて、島内を自由におのれの意思だけで歩き、地下壕の内部深くを調べ、英霊の尊い戦いに接した。

その後に防衛省と交渉を重ね、硫黄島に配備されている自衛隊の部隊で講演することとなり、二〇一五年七月二〇日に硫黄島を再訪した。

さらに参議院議員となったあと、初めて泊まり込みで三たび、硫黄島に入った。二〇一七年九月二〇日のことだ。

このとき島内を二日かけて徹底的に回り、どこにまだご遺骨が取り残されているかを調べて歩いた。

そして滑走路の一部を剥がしてご遺骨を探す現場に立ち会った。

これは、前述のレーダー探査で異物が滑走路の下にある可能性が出たために、厚生労働省の担当官、海上自衛隊の硫黄島に赴任している自衛官、そして不発弾のリスクに備えるために陸上自衛隊の専門家たち、さらに英霊のご遺族やボランティアでつくる硫黄島協会のみなさんら多数が集まって、滑走路のごく一部ではあるが引き剥がし、さらに掘削して探索する現場だった。

国会議員となったわたしがやって来たから、視察としてセットされたのではない。

二日間、丹念に島内を回っているなかで、九月とは思えない灼熱のもとで滑走路上に集まり重機材も動かしている現場に遭遇した。

三十数人の全員が、ほんとうに真剣に取り組んで作業していることにまず胸を打たれた。

そのなかで、何度もわたしの顔をじっとみては作業に戻る緑の迷彩服姿の陸上自衛官がいた。若い彼は、やがて意を決したようにわたしに近づき意外なことを言った。

「あの、青山さんですよね。私は『ぼくらの祖国』を読んで自衛隊に入って、ここへ来たんです」

どのように話そうか、どう言えば、時間を取らせないで言うべきを言えるだろうか―それを考えに考えて、ようやくに近づいたのだと自然に伝わってくる。

わたしは内心で驚きつつ、この陸上自衛官の任務の邪魔にならないようにわたしも短くお尋ねした。

彼は、不肖わたしがかつて世に問うた「ぼくらの祖国」を読んでくれて、そのなかの硫黄島をめぐる記述に動かされて転職し、自衛官となって硫黄島のご遺骨収拾に関わる任務を志願した。それが実現するまでにはおそらく曲折もあったうえで上官と組織の理解を獲得したのか、今、硫黄島の滑走路下を探索する現場にいるのだった。

彼にすれば、びっくりだろう。こんな言い方はほんとうに僭越で申し訳ないが、人生の転機をつくった本の著者が参議院の作業服姿でいきなり現場に現れたのだから。

不肖わたしは、これほどの志と行動力を持つ自衛官と硫黄島で会えた、それも最大の課題である、滑走路下に閉じ込められたご遺骨を何とか取り戻そうとする現場で遭遇できたことに、胸の裡で感謝を天に捧げた。そして、その場にとどまって現場の当事者たちと協議し作業に立ち会った。

しかし、ご遺骨はこのとき、見つからなかった。地中レーダーによる探索には今のところ大きな限界があるのは間違いない。

このご遺骨帰還のための作業は、現場で見れば見るほど報いの少ない、人の知らない苛酷な労苦を強いられる重労働である。それを平然と中傷する恥ずべき人々が、現在の日本社会に存在する。

そのなかには、硫黄島の英霊の帰郷を実現する努力への中傷は単なる手段で、本当の目的は不肖わたしごときの行動、発信を止めること、国会議員を続けられなくすること、作家活動も継続できなくすることである人々もいる。

日本の情報機関と捜査機関の調べによると、外国が信じがたい多額の予算を講じて日本人を高給で雇い、ＳＮＳをはじめインターネット上で徹底的な中傷誹謗《ひぼう》活動を終日、行わせている例もあり、それにただ付和雷同している人々もいる。

こうした哀しき人々は「滑走路の下に英霊が閉じ込められているというのは嘘で、遺骨が見つかっていない」という、まさしく嘘をネット上でしきりに流しているが、すでに見つかっている。

今のところは数は少ない。

わたしが西暦二〇一七年の一一月三〇日に参議院予算委員会で質問したとき、厚生労働省の橋本泰宏大臣官房審議官（援護担当）は「先生（青山繁晴）が仰いました滑走路周辺の地下壕からも約三百柱のご遺骨が収容されております」と答弁した。（答弁は公式な議事録に基づく）

まず、この三百人は少ないか。

わたしが聴いてみた全ての日本人で「少ない」と答えたひとはいない。わたしも、少ないとはまさか思わない。

たとえば文化大革命で指導者の毛沢東国家主席が自国民を二千万人とも三千万人とも、要は数えきれず虐殺した中国の感覚では「少ない。居ないのと同じだ」となるのだろう。

中傷者よ、ほら歴然としている。あなたがたに日本国民を名乗る資格はない。

こうした人々は英霊の数が少なければ、その上に自衛隊機、海上保安庁機が降り立って踏みつけにしても良いとでも言うのだろうか。何人以上なら踏みつけにしてはいけない、となるのか。

人数の問題ではない。

ひとのために、公のために、祖国のために、ひとつだけの命を捧げられた人の上に重い機体をどーんと降ろす、現代の日本であっても祖国のために生きている自衛官や海上保安官に、そんな任務には就かせない。それが肝心なのだ。

こうした中傷者とは誠に対照的に、いわば良心派の日本国民が読者に多くいらっしゃる。

この原稿は、誰のために書いているのか。

編集者に「青山さん、（四百字詰め原稿用紙にして）五枚ほどでいいですから、新書用の後書きを書いてください」と頼まれた。

単行本として、思いがけないほど多くの人に読んでいただいた「死ぬ理由、生きる理由―英霊の渇く島に問う」を新書にしたいという申し入れが編集者から、まずあった。考えてみれば、プロフェッショナルな書き手となってから、かなりのキャリアになるが、こちらからそうした申し入れをしたことは一度もない。実は考えたこともない。しかし申し入れを受けるといつも反射的に思う。

―新書は持ちやすく、値段も格段に安い。単行本を手にできなかったひとが、新書なら読めるのではないか。

と考えた瞬間に、いつも次のようにも思う。

―単行本をすでに読まれた読者の多くも、とにかく新書を手には取られるだろう。新しく書き下ろしたのが五枚では、その新書を求められるかどうかは別にして、やっぱり、がっかりなさるのではないか。

そして今回は特にこう考えた。

―「その後は一体、どうなっているのか」と考える日本国民が多いのじゃないか。なぜなら日本のオールドメディアは硫黄島の英霊のことなど、ほとんど報じないからだ。英霊のご遺骨の探索、収集がどのように進捗しているのか。その情報は報道にもないしネットにもない。あるのは出鱈目《でたらめ》な中傷情報だけだ。

それならば、良心派の日本国民をはじめ、今は中傷を垂れ流すことに加担していたり、あるいはそれに騙されていたりの国民であっても、不肖わたしには丁寧に新情報を提供する義務がある。

だから編集者に告げないままどんどん書いている。今は八二枚、すでに要請の一・六倍を超えた。最後は一二〇枚ほどになるだろう。枚数が増えるほど実は苦しくなる。

わたしは、おのれ本来の人生を壊して国会議員を務めている。やる以上は、常に誰よりも朝早く、国会に出て、出るまえには朝の四時過ぎから国内外の情報を集め、とにかく目立たない、人目につかない努力に徹する。自分の属さない委員会に、どなたかの代打ち（差し替え）で出席するよう国会対策委員会（国対）の事務方から頼まれれば、断らない。一回生議員の務めだからだ。一回生議員なのに論戦の主舞台の予算委員会・総括質疑（総理が出席する、いわゆるテレビ入り）の質問者に何度も指名された。そのときは十二分に集めた独自の情報を活かし、そしてあえておのれの洞察や構想力や未来予測を信じて発想を自由に解き放ち、外交・安全保障・危機管理と資源エネルギーの専門家の端くれとして実務を重ねてきた経験で裏打ちし、そのうえで質問の冒頭で「自由民主党の党利党略のためには質問しない。あくまでも国益のためにこそ質問します」と宣言して、「与党質問」という頸木《くびき》を叩き壊して日本を前に進める質問に徹する。

つまり無茶ら苦茶らに時間も体力も神経も費やす日々だ。

議員となることを最後は自ら決したのだから、どれほど自らを消耗し命を削っても、あまりに当然のことに過ぎない。

だが、これまで続けてきた仕事も手を抜かない。あくまで根幹はひとりの物書きだから、原稿は本稿だけではなく論壇誌「月刊Ｈａｎａｄａ」の連載エッセイからノンフィクションの新刊書、さらには原点の文学作品の原稿まですべて書き続ける。

おのれが創立した日本初の独立系シンクタンク、株式会社独立総合研究所（独研／どっけん）の代表取締役社長・兼・首席研究員の地位だけは西暦二〇一六年夏の参院選さなかに辞めた。辞めただけではなく、ずいぶんと価値の上がっていた創業者株もすべてタダで手放した。法律では国会議員と私企業の経営者は両立してまったく問題ないが、その法律が国会議員に保障している政治献金も一円も受け取らず、政治資金集めパーティも一切、開かず、その姿勢で行くなら私企業（株式会社）も完全に去って当然であり、迷いはなかった。

しかし独研そのものも「私企業でありながら私利私欲は追求しない。ただ国益のために戦う。民間が公と国のために戦わず、官僚と国会議員に任せているのでは国を誤る」という、まったく新しいテーゼ、問題提起を掲げている。

わたしは、これを日本国民の灯火《ともしび》のひとつだと考えている。

だから独研から委託される仕事はすべて断らずに引き受けて、力を尽くそうと決めていた。そして独研が自主開催する「独立講演会」、わたしが共同通信を去った直後、三菱総合研究所の研究員の時代から実に一八年を越えて配信を続けている会員制レポート

「東京コンフィデンシャル・レポート（TCR）」、これらの仕事を受託して、そのまま続けている。

このさなかに米朝交渉が起き、暗黒国会が続き、誰でもみられるネットテレビの「虎ノ門ニュース月曜版」（DHCテレビ）や、依頼を断り切れずに何と議員になってから始めた音楽番組「On the road」（CROSS FM）のDJ、もう伝説になっているらしい報道番組「スーパーニュースアンカー水曜版」からの長いご縁の関西テレビの「胸いっぱいサミット」での発信についても一ミリも妥協しない。

こうなると、もちろん時間は、足りない、という段階ではない。とにかく時間が根こそぎ奪われる。

削れるのは、夜の会合の時間だが、これは独研の社長時代から少なくて、今はさらにほとんど無くなったというだけなので、さして時間は浮かない。

富士スピードウェイで公式戦に参加していたモータースポーツや、雪国出身ではないハンディをようやく乗り越えたアルペンスキー、それに乗馬、水泳、ギターの下手な弾き語りといった、それなりに多種多様な趣味は全滅である。

ほかに、もともと参加したくなかった地上波のテレビはなるべくお断りしている。

しかし、この程度の「削減」では時間は作れない。それを「五枚」の原稿を勝手に増やすばかりだから、とうとう、引き受けた全ての原稿が締切を越えてしまうという「原稿危機」に陥った。

いや、陥っていて抜け出せない。

だが本稿は、ここからの最後の部分も肝心なのだ。それは「英霊の帰郷をめぐるたった今の現在」である。

本稿が九〇枚に迫る今夜は、共通暦二〇一八年の六月一九日火曜日だ。ワールドカップで日本のサッカーチームがコロンビアに金星を挙げた夜である。

厚生労働省の社会・援護局事業課の事業推進室に確認すると、今年度（平成三〇年度）は、ほぼ一週間あとの六月二七日から硫黄島での遺骨収集が始まる。したがって本稿を完成に導く今の段階では、平成二九年度末までの成果が最新の情報になる。

ご遺骨が見つかって収容された将兵は一万と四一〇人、見つからないままのひとはこれよりおよそ千人多い一万一四九〇人だ。厚労省は後者については「推計」としている。

依然、見つかったひとが半数に達していない。さらに辛いのは、平成二九年度の一年間について言えば、新たに見つかったのは、一三億円の予算を費やしても、一七人だった。

前述したように、狭い島をいったんはもう調べ尽くしている。唯一、滑走路の下を除いては。

常識的に申せば、およそ一万一五〇〇人ものひとが見つからないのは、滑走路の下を本当には探索できていないからだという推論を立てるほかない。

これは、わたしの個人的見解では全くない。

厚生労働省が平成三〇年三月一三日付でまとめて、国会議員や硫黄島協会（生き残った兵、遺族、ボランティアなどによる民間団体）に示した説明資料がある。

「硫黄島における遺骨収集事業の現状について」というこの資料によると、「滑走路地区の高性能地中探査レーダーの反応箇所は、できる限り速やかに、全て掘削。その結果も踏まえ、現滑走路の移設に着手し、滑走路地区全体の掘削・遺骨収容」とある。

「現滑走路の移設に着手」とは、どういうことか。

自衛隊が現在、毎日使っている滑走路について、まず別の滑走路を島に造り、そこに自衛隊の部隊が移動したあとに現滑走路を引き剥がして遺骨を収容する計画が明示されているのだ。世界に類例がない。

これは、西暦二〇〇七年五月二九日、松岡利勝農水大臣が自決なさった翌日の昼に安倍総理とワーキングランチを共にしたとき、不肖わたしが提案した計画だ。

そのときは、そんな発想は政府のどこにもなくメディアにも影も形もなかった。安倍総理にとっても想定外の計画だった。

だが安倍さんは内閣総辞職したあと、わたしの話の真偽を調べ、すべて冷厳な事実だと把握し、そして再登板後の内閣で硫黄島の英霊を全員、故郷に取り返すと閣議決定した。

再登板後にわたしと再び、話したとき、安倍総理は「滑走路の引き剥がしに五百億円かかるとしても、一〇年計画で取り組んで一年に五〇億円づつにすれば出せる」と強調された。

本稿を書いている今日、二〇一八年六月一九日の昼間のことだ。

参議院の経済産業委員会が始まろうとするとき隣の席に座った丸川珠代議員（元オリンピック担当大臣、元環境大臣）が、わたしが硫黄島の史料を手に持っているのを見て、「安倍総理と一緒に硫黄島に行ったとき、総理は、毎年五〇億づつの予算にばらせば滑走路を引き剥がしてご遺骨を収容できると仰ってた」と、ふと話された。

わたしは硫黄島とおのれとのご縁は何も言わず、丸川さんのもの問いたげな眼を見ていた。安倍さんが総理として閣僚の一員にも滑走路引き剥がしの意思と予算計画を話されていたという、いわば証言である。

事実、前述した厚労省の説明文書にある「現滑走路の移設に着手し、滑走路地区全体の掘削・遺骨収容」という計画は、厚労省の独自計画ではなく、平成二五年（西暦二〇一三年）一二月一一日になされた「硫黄島にかかる遺骨収集帰還推進に関する関係省庁会議決定」である。

その旨は、この説明文書にも明記されている。

実は、この関係省庁会議決定の翌年の平成二六年にはさらに、「今後四年間で、探査レーダーの反応箇所を全て掘削、これらが終了後、その結果も踏まえ、現滑走路の移設に着手」という「取組方針」が決定された。

つまり「平成三〇年度いっぱいは探査レーダー方式でやり、平成三一年度からは滑走路引き剥がしに入る」という意味だ。

しかし、わたしはそんなに単純に行くとは考えていない。

まず探査レーダーで「滑走路下の土中に何か異物がある」という反応が出たのは滑走路地区の全体で一七九八箇所もあった。

だが実際に遺骨を収容できたのは、わずかにおふたりだった（厚労省の記録では「二柱のご遺骨を収容」）。

これは現滑走路のど真ん中の下に、地中レーダーによる探査がきっかけで地下壕が発見されたため、平成二八年一一月に、地下通路からこの壕の中に入って自衛隊隊員が調査していたところ熱風で火傷《やけど》を負い、いったん調査を中止。高熱対策を講じて二九年一二月に調査を再開し、おふたりのご遺骨を発見したのだった。

これらの経緯が意味するのは、現場の作業がいかに苦闘であるかということ、そして探査レーダーはご遺骨と石などの区別がつきにくく信頼性に欠けること、見つかったのはおふたりだけでも滑走路の下には、これまでに収容された約三百人以外にやはり英霊が閉じ込められているらしいこと―である。

これまでの探査レーダーが深度一〇メートルまでの性能しかなかったことから、平成三〇年度には「深度一〇メートル超」の探査レーダーを防衛省が開発して、探査を続けることを安倍内閣は決定している。

しかし、より深くまで探査できる地中レーダーになっても、ご遺骨と石などを区別しがたいという根本問題は解決しない。

一方、ご遺骨の収容が年間一七人にとどまったのは、ほんとうは平成二九年度だけではない。その前年の二八年度も全く同じ一七人だったし、三桁の収容があったのは平成二五年度の一六六人が最後で、二六年度は四二人、二七年度は二三人、そして二八、二九の両年度は一七人と減るばかりだ。

つまり滑走路地区の根本的な探索をやらない限りは、予算ばかりかかって英霊の帰郷は進まないという現実が深まる、悪化するばかりだ。

では、平成三一年度からはいよいよ、現滑走路の引き剥がしに踏み切るのか。

わたしは、これもそう単純には行かないと考えている。

まず、見つからない英霊が全員、滑走路の下にだけいらっしゃるとは考えていない。多くの先輩がたが滑走路の下に閉じ込められていることは、やはりほぼ間違いない。だが一万一五〇〇人の全員ではないだろう。

わたしは硫黄島に繰り返し入り（合計四回。うち二回は単独で自由に時間を使える調査。そのうちの一回は国会議員として初めてという泊まり込み調査。本稿でここまで記述したのは三回だけ。残り一回は後述）、また自主的に訪米して調査してきた。

その結果、米軍が海に捨てたご遺体はこれまでの想像よりは多い怖れがあると考えている。

硫黄島の海はただでさえ潮流が激しく、年月を考えると海底からご遺骨を回収できる見通しはほとんど立たない。それでも海洋調査の検討は必要だと考えている。

これまでの島内探査、すなわち滑走路の下を別にした探査は、ほんとうに数多くの生き残りの戦友、遺族、ボランティア、そして自衛官、厚労省など官庁の担当者の血と汗と涙によって実行されてきた徹底探査である。それでも硫黄が噴き出す灼熱の島であるから、ご遺体の変化は激しく、取りこぼしもあるだろう。

ただし、これらの可能性を考えても、未発見の一万一五〇〇人のかたがたの一番多くは、滑走路の下に閉じ込められていると考えるのが、少なくとも現時点ではいちばん客観的な判断だ。

だが現在の問題は、元々あったかどうかではない。

真の課題は、これから滑走路を引き剥がせば無事に多くの英霊を取り戻せるのかというところにある。

先ほどの、練達の自衛官が滑走路下の地下壕で火傷を負ったという事実を思い起こしてほしい。生きた意思を持って注意深く動くプロの自衛官でこうである。

もはや動けないご遺体は、凄まじい地熱と圧力と経年変化に為す術《すべ》もなく好きなように七三年間も晒されてきた。

わたしが長年、訴え、にっぽん丸での講演でも述べた「後世のわたしたちのためにこそ滑走路の下にあえて閉じ込められたままの先輩がたの胸に、腰に、頭に、わたしたち主権者は日々、どーん、どーんと重い機体を降ろすように、踏みつけにするように自衛官に命じてきたに等しいのです」という趣旨は、センチメンタルに述べているのじゃない。

物理的な事実としても、繰り返される圧力でご遺体の破壊を進めてきたのだった。それをこの先、さらに時間を掛けてようやく滑走路を引き剥がして、どこまで無事にご遺骨を見つけられるだろうか。

また海外に取り残されたままの日本人の戦没者は、なんとまだおよそ一一三万人もいらっしゃる。

このうち海没のご遺骨が約三〇万人、相手国の事情で収容困難なご遺骨が約二三万人。これらを別にしても、現に収容可能なのに帰国が実現していないご遺骨が実に六〇万人もいらっしゃるのだ（いずれも厚労省調べ）。

わたしの読者のなかのある若く、きりりと美しい女性は、わたしの書物から硫黄島に関心を持たれ、そこから「日本は祖国のために死した自国民の多くを放ったらかしにしている」という広範な現実に直面し、わたしに「青山さん、硫黄島だけじゃない。それどころじゃない」とEメールで突然に告げて、それまでの時代の先端を行く仕事も全て投げ打って、海外の遺骨収集のボランティア団体に身を投じた。

先日に、議員会館で再会したとき、彼女は悲しげで苦しげにみえた。

滑走路の引き剥がしは、これまでに硫黄島のご遺骨収容に投じた予算以外に少なくとも五百億円ほどはかかるという。これを実行して、ご遺骨がさほど見つからなかったとき、硫黄島だけになぜそこまで予算を投じるか、海外の同胞はいいのかという強い疑問が必ず噴き出るだろう。

前述した反日の人々はここぞとばかり、中傷誹謗を激化させ、オールドメディアと結託し、野党の主流派とも結託し、さらには水面下で外国とも癒着を強めるだろう。

それらとは、ただ戦うのみである。

だが、海外の同胞を帰郷させようと苦闘する愛国者たちの疑問は捨て置けない。

わたしは「まず、国内の島、東京都の島であり、外国との交渉の必要のない硫黄島から英霊を取り返さないと日本は変わらず、海外の同胞も取り返さないままになる」という信念を当初から貫いてきた。

それは今も、これからも変わらない。

戦火の沖縄には、少女がつくる九つの学徒隊（今では分かりやすく学徒看護隊と呼ぶ）があった。

そのなかで特に、「白梅《しらうめ》の塔」にみんなでお参りし、戦争を生き延びた白梅同窓会の女性たちも含め国民みんなで一緒に、沖縄戦の真実を考えることに取り組んできたのも同じである。

ひとりで九つの学徒隊すべてに深く関わることは、ほかの重大課題との両立からして、できない。沖縄第二高等女学校の校章を名に冠した白梅学徒隊という忘れられていた存在を知ってもらうことに徹して、そこから、すべてが始まると考えている。

わたしは理念と哲学を考えつつ、常に大地の上を歩きたい。リアリズムは、責任のある世直しにはどうしても必要だ。

わたしひとりにできることをまず、きちんと整理して考え、そこに深い責任を果たしていく。あれもこれも八方美人の顔をするのは実は保身であるとも考えている。

滑走路の遅すぎる引き剥がしに大きな予算を投じたときの結果については、わたしが最初にそれを安倍総理に提案してから今日までの現実の歩みを踏まえて、しっかりと事前に考えねばならない。

だが、それでもなお、滑走路の引き剥がしは主権者とその代理人の国会議員が責任を持って検討せねばならない。

わたしが硫黄島について、ささやかに講演で話し始めた初期のころに現役の海上自衛隊士官、哨戒機P－3Cの機長からいただいた手紙にもう一度、触れておこう。

わたしは封書を開け、それがわたしの講演を聴いた士官からの手紙だとわかり、何かの苦情を言われるんだろうと思いつつ読み進めると機長は「この重い機体の操縦桿《かん》を下げて、硫黄島基地の滑走路に降ろすとき、胸がいつも潰れる。しかし自分たちは自衛官でありますから命令に従う。いつか国民のなかから、これでいいのかという声が上がることをひたすら待っていました。青山さん、その声をあなたからようやく聞きました」という趣旨を書き込んでおられた（青山註　文面のままではありません。趣旨です）。

ご遺骨はふつう「柱」で単位を表す。

したがって、例えば「硫黄島のご遺骨の未収容は一万一四九〇柱」と厚労省は表現する。それが正しい。

しかし、それは寂しい。

もともとはみな、泣き笑いの人生を送り、ごはんも食べて風呂にも入った生身の人間だ。しかも前述したように硫黄島の兵士は二万人がただの庶民であり、職業軍人は一千人ほどしか居なかった。職業軍人も同じ日本国民だ。そのうえで、あなたの隣にいたひとが、七三年間も放ったらかしなのだ。少年少女から高齢者まで、まさしく、どこにでもいる国民が奪われたまま何十年も過ぎた拉致事件とそっくりである。

おのれの人生を粉々に壊して国会に出てよかった、そう考えているひとつの理由は、この硫黄島にもある。

これまで一度も参加できなかった、立ち会えなかった世界の奇蹟、すなわち硫黄島の地獄の戦場に敵と味方が再会し、おたがいを尊敬し愛し抱擁する「日米合同慰霊祭」にひとりの議員として参加できることだ。

これは正式には「日米硫黄島戦没者合同慰霊追悼顕彰式」という。慰霊と追悼だけではなく「顕彰」の二文字があることが、本質的に大切だ。

勝者のアメリカ軍と敗者の日本軍とが、まるでワールドカップでサッカーの試合が終わったときのように勝ち負けなく、あるいは二〇一九年に日本で開かれるラグビーのワールドカップで試合が終わったときに訪れる「ノーサイド」、つまり「もはや敵味方なし。互いに讃《たた》えあう戦士がいるのみ」の笛が吹かれるときのように、この「REUNION」（リ・ユニオン、同窓会あるいは再会）は毎年、三月に硫黄島で開かれる。

平成三〇年は三月二四日に開かれ、一回生議員のわたしは末席で参加した。

早春ながらすでに灼熱の気配の島で、アメリカ海兵隊の儀仗《ぎじょう》隊、そして帝国陸海軍が滅んだあとの自衛隊の儀仗隊がそれぞれの国旗を掲げて入場したあと、要人たちのスピーチが続いた。

それが終わると、参加者の交流となるが、わたしは新参者として動かず、ただ突っ立って胸の奥で祈りを捧げ続けていた。

みなさまがあって、今のわたしたちがいますという感謝、そして英霊の最後のひとりまでが帰郷できますように、拉致被害者の最後のひとりまでが帰郷できますようにという祈りだった。

すると突然、眼の前に大きな身体の、高齢の米国紳士が立たれた。

アメリカ硫黄島協会の幹部会議長、アメリカ海兵隊のノーマン・H・スミス退役中将だった。

日本の国会議員の参加は、小野寺五典防衛大臣、加藤勝信厚労大臣の現職閣僚、それに硫黄島の最高指揮官だった栗林忠道帝国陸軍中将の直系のお孫さん、自由民主党の新藤義孝・硫黄島問題懇話会幹事長ら合計で一〇人ほどもいらっしゃった。

なぜ、いちばん離れて立っているわたしの眼前にアメリカ側の首脳陣のひとり、スミス中将がいらっしゃったのか、わたしは不思議に思った。

中将は「あなたは日本の国会議員ですね」とわたしの眼を見ながら、その横に居た女性の通訳さんに話されたので、わたしは米語で「大丈夫ですよ。直接、お話しになってください」と中将と通訳さんに申しあげた。

中将は、あ、ほんとだ、米語で会話できるというように顔をほころばせ、「あなたには何かを感じる。紹介したい若い世代の人がいる」と言われ、同じ背格好の男性を紹介された。精悍《せいかん》なその人は、故ローレンス・スノーデン海兵隊中将の同姓同名のお孫さんである。

故ローレンス・スノーデン中将。この新書の読者なら、ピンと来る凄い読者もいるのではないだろうか。

そうです。

西暦二〇一五年の春に安倍総理が、日本の総理として史上初めてアメリカ上下両院合同会議で演説したとき硫黄島の戦いと日米合同慰霊祭に触れ、議場に招いてあった栗林中将の孫、新藤義孝代議士と、そしてスノーデン中将、当時九四歳を紹介し、このふたりの握手が満場と、世界の拍手を浴びたのだった。

スノーデン中将は海兵師団の中隊長として硫黄島の戦いに従事し、負傷を重ね、部下を百人以上も喪った。日本を憎みに憎んでいたが、戦いからちょうど半世紀後に栗林中将の奥さまと会い「昨日の敵は今日の友」という日本の伝統ある言葉を聞き、目が覚めたという。その後は日米合同慰霊祭に参加するたび「勝利の祝賀で来たのじゃない。双方の兵士を讃えるために来た」と語っていた。そして前述の新藤代議士との握手の翌年、亡くなったのだった。

そのお孫さんとわたしが固く握手する横で中将は「昔話だけではなく今の話をしたい

ね」と仰った。

わたしは、「アジアに中国の独裁主義が拡大しないように、この慰霊顕彰式に現れているような日米の公平で対等な友情、同盟が必要ですね」と応えた。

中将は「その通り。そこなんだよ」と明瞭な大声で仰り、堅く、強く、わたしの手を握られた。

すると中将の横にいらした奥さまが、わたしの襟の議員バッジに触れ「これは日本の国家議員の象徴ね。可愛い。素敵。欲しいな」と仰ったので「このバッジは菊のご紋で、それはわたしたちの天皇陛下の象徴ですから、これはあげられません」と答えた。

すると夫人と中将がほぼ同時に、議員バッジの下に付けているブルーリボンのバッジを指差して「では、これは何」とお聞きになった。

わたしが拉致被害者を取り戻す運動の象徴であり、わたしたちと拉致被害者の間にあるのは、ただ日本海だけであるから、その青い色なんですと話すと、おふたり、そしてスノーデン中将のお孫さん、さらに中将ご夫妻と一緒に居た日本通の作家はほぼ一斉に「そうだよ、同じ国民は北朝鮮から取り返さなきゃ。日本が取り返さないはずはないよ、この硫黄島の戦いをわれわれと戦った勇敢な国民が」という趣旨のことを次々に仰った。

この日本通の作家、ダニエル・キングさんはテキサスに戻ったあと、手紙をくださった。硫黄島をテーマに本を出され、そのなかには日本兵が辛酸を舐《な》める苦闘のなかでも任務だけではなく義理を守ったことを記しているという。

そして「ライフワークとして、日本の戦没者のお名前入りの遺品、寄せ書き、千人針、剃刀《カミソリ》、防暑帽、戦闘帽、そして家族らへの葉書を十五点以上、ご遺族に返還できました」と手紙に日本語で記されていた。十年間、トヨタに勤め愛知県に住んでいらしたのだ。

そして何と、わたしの「死ぬ理由、生きる理由―英霊の渇く島に問う」の単行本を手にされた写真が同封されていた。京都在住の帝国海軍の元士官から送られたのだという。

わたしは、思わず手紙と写真に頭を下げてご縁と友情に感謝した。

さて、硫黄島での慰霊祭に話を戻そう。

わたしたち国会議員は日米合同慰霊祭の会場を後にして、日本側の慰霊碑に向かった。天山の慰霊碑である。

わたしは敗戦後の民間人としては初めて、硫黄島を自由に歩いたとき、まっさきにここで水を捧げた。この真下には、数ある地下壕の中でも苛烈な灼熱の天山壕がある。慰霊碑に水を掛けるだけではなく、足元に石が詰められたあたりにじっくりと水を捧げた。水は沁み込み、土に入り、英霊の魂に潤いをきっともたらしてくれる。

この日は、音楽の正式教育を受けた女性の陸上自衛官が天山慰霊碑に翻る日章旗の前で、朗々と「うさぎ追いし　かの山ぁ。こぶな釣りし　かの川」と、唱歌「故郷《ふるさと》」を歌い出した。

わたしは不覚にも落涙した。

英霊は一体どんな気持ちで、これを聴かれるだろうか。聴き入っておられるだろうか。泣かず騒がず黙々と戦われて死した英霊の前で情けなくも、わたしは泣いた。

このとき行われた総員の記念撮影で、わたしは思いがけないお顔を見つけた。わたしの長年の読者であり視聴者でいらっしゃる、たおやかな女性である。聞けば、わたしの発信を参考に硫黄島協会と連絡をとり、新しい会員になられたとのこと。

そうです、硫黄島協会は今、生き残りの戦友が亡くなっていき、遺族も亡くなっていき、高齢化に苦しんでいる。そこに若い日本国民が加わっていくと、ご遺骨の帰還運動に大きな力となり、また硫黄島協会の会員であれば、一般国民にはいまだ全面立ち入り禁止の硫黄島に入る機会も訪れる。

わたしはこの女性新会員に力づけられ、そして千葉県内の女性から頂いた手紙を思い出した。M・Kさん（実際は実名）というお名前が美しい字で封筒に記してあった。

わたしは不幸なことに、残念至極なことに、手紙に返事は出せない。一通に出せば全通に平等に出したい。それは一日にもしも百時間があってもなお、不可能である。

しかし頂いた手紙、葉書、Eメールはすべてじっくり読む。流し読みはしない。ひとことも逃さずに読む。

M・Kさんの手紙には、次のような趣旨が書かれてあった。

「アンカー水曜版（関西テレビ）、ザ・ボイス木曜版（ニッポン放送）、虎ノ門ニュース月曜版（DHCテレビ）、すべて青山さんの発言を追ってきました。私の母の弟は、お坊さんの衣を仕立てる仕事をしていましたが昭和一九年三月、新婚一か月で出征し硫黄島で戦死しました。二九歳でした」

「お墓にはソフト帽だけが入っています。その叔父が硫黄島で書いた葉書を預かっているという知らせが、お彼岸前に、東京都の福祉保健局から届きました。

こんなにも長いあいだ魂がさまよっていたのかと思い知りました。

いまだ多くの魂がさまよっているのだとすれば、ご遺骨を収集し、慰霊していただきたい。

それが国のありようではないか。

叔父の葉書がそれを知らせてくれたような気がします。

多忙を極める青山さんにお願いをするのは心苦しい限りですが、青山さんは心に留めていただけると思い、拙《つたな》い筆を執りました」

わたしは関西テレビの夕方の報道番組「スーパーニュースアンカー」のスタッフにお願いして、キー局であるフジテレビの取材機を出してもらい、防衛庁（当時）の「協力は一切しない」という条件のもとに出された入島許可を活かすことができた。

そのときの映像を「スーパーニュースアンカー水曜版」で流し、みなさんにお話ししたことが、わたしと読者、視聴者の共有の原点になっている。

それでもM・Kさんのお便りには、わたしが硫黄島の英霊の現実を知らないことを前提に(?)、どうか関心を持って欲しいという切実な願いが込められているように思った。

M・Kさん。

もしも、不肖わたしが硫黄島を忘れているひとりであるという誤解があるのなら、それはそれでいいのです。

なぜなら、わたしがどう評価されるかということは、まさしく関心の外だからです。

「スーパーニュースアンカー」をご覧になっていても、たまたま硫黄島について発信した回は視ていないかも知れないし、その後もそうした偶然が重なることも世にはあり得ます。

そしてもう一度、申します。

硫黄島で戦われた二万一千人の日本人は、指揮官の栗林忠道中将以下、ご自分の利益のために地下壕を爪を剥がしながらも掘ったひと、ご自分が評価されるために戦ったひと、こうすれば自分が褒《ほ》められると考えていたひとは、誰ひとり居ないのです。

ぼくらは日本国民です。

硫黄島の戦い、祖国の戦いに敗れてのちに生まれてもなお、人のために生きる日本人です。

Ｍ・Ｋさん、あなたの澄んだ願いは、ぼくの魂深くに届いていますよ。

あなたはなんて優しい日本女性でしょうか。叔父さまは、Ｍ・Ｋさんを愛し、誇りに思っていらっしゃることを確信します。


最後にもうひとつ、お便りを紹介したい。

正確にはお便りではなく、わたしの地味なブログに届いた書き込みだ。

本稿の仕上げに入ったときに、「硫黄島の戦い」というズバリのタイトルの書き込みを頂いて、すこし驚きもした。

この方は、コメントの公開を望まないとのことだから、もちろん名前はハンドルネームであっても出さず、内容も部分的にだけ紹介したい。

「先日の講演会（二〇一八年六月に神戸で開いた独立講演会）を聞けて本当によかった

です。ありがとうございました。（講演会のテーマになった米朝首脳会談や拉致事件についていて）かなりの思い違いをしていて、やっぱり第一線で情報を得ている人は違うなぁとつくづく思いました。ようやく米朝合意が腑に落ちました。ここ一週間考えて思ったのですが—」と書き出され、新鮮な発想の提案をされている。

「今の日本の状況は硫黄島の戦いに似ていませんか。工作員という兵士が何万と情報と資金という武器を持って日本という島に乗り込んで来ていて、情報戦という戦争は静かに激しく行われている。日本はギリギリのラインを我慢強さという盾で持ちこたえてる状態だと思います。安倍政権が倒れれば、どの人が総理になっても日本は唯一、世界で通用できる経済という武器を失ってしまう」と指摘した上で、「あの硫黄島の戦い、どうやったら日本は勝てたのでしょうか？ 今に繋がる、なにか教訓はないのでしょうか」と締めくくられている。

素晴らしい着想である。

ほぼ冒頭あたりで記したとおり、日米戦争で、真珠湾攻撃を別にすると硫黄島の戦いは実はただひとつ、アメリカ軍の受けたダメージの方が大きかった戦闘だった。

そのわけは、栗林忠道中将が、日本軍が繰り返していた作戦、すなわち海岸線で敵の侵入を食い止めようとする無理な作戦、あるいはバンザイ突撃を否定し、アメリカ軍の占領を遅らせ、硫黄島を使った日本本土への爆撃強化を遅らせることに作戦の焦点を絞ったからだった。

だから海岸線の奥に地下壕を、道具もないまま部下を説得し励ましつつ自ら陣頭に立って掘り込み、持久戦に持ち込んだ。

背景には、当時の日本軍の常道を否定することによって軍の内部で自らの立場が悪くなることなど、関心すら持っていなかったことがある。

だから栗林閣下は最期の電文、大本営に永訣を告げる公式電文の末尾に「国の為　重き努めを果たし得で　矢弾《やだま》盡《つ》き果て散るぞ悲しき」（註）という歌を遺した。

【註】漢字の書きぶりなどに諸説あるため、長野県の栗林家の菩提寺、明徳寺にある碑文から採った。

悲しき、という表現は情緒的と非難されかねない時代にあって敢《あ》えて、それを記し、矢弾、すなわち弾薬をはじめ兵站（へいたん／ロジスティクス）を欠いたままの戦争は間違っているという正当にして冷静な批判を込めたのだろう。

この栗林イズムの勝利と覚悟は、国会議員を含む今の日本人への遺訓とも言える。

おしまいに、本稿を書き始めたときに記した一文を、置いていきたい。

ですますの文体で書き始め、五枚で終わるつもりはなかったが、この末尾のように一二〇枚近くにまで達するつもりはゆめ、なかったときの一文である。


不肖ぼくは、ハワイのワイキキの賑わいから、わずか七十余年まえの先輩の戦跡である真珠湾に向かう途中、ハイウェイの右手に広がる樹林が好きです。

それは背の低い幹に、こんもりと神さまの差す傘のような深い緑の枝が広がる樹の群生なのです。

わたしはひとりの物書きとして、このように、こころを潤す樹であってもやがて枯れ木と成り果てることを知っています。

漂泊の魂に樹《た》つ枯れ木、それは枯れていながら緑の香りがする不思議な木です。

この新書が、あなたにとって、そのような樹でありますように。

（了）

ぼくらの死生観
——英霊の渇く島に問う
新書版「死ぬ理由、生きる理由」

２０１８年８月５日　初版発行
２０１８年８月15日　２版発行

著者　青山繁晴

青山繁晴（あおやま　しげはる）
作家、参議院議員。一九五二（昭和二七）年、神戸市生まれ。慶應義塾大学文学部中退、早稲田大学政治経済学部卒業。共同通信記者、三菱総合研究所研究員を経て、二〇〇二（平成一四）年、株式会社独立総合研究所を創立し、代表取締役社長・兼・首席研究員に就任。二〇一六（平成二八）年、独立総合研究所を退き、参議院議員に当選、現職。著書に、『ぼくらの祖国』『壊れた地球儀の直し方』（扶桑社）、『青山繁晴の「逆転」ガイド ハワイ真珠湾の巻』（ワニ・プラス）、『平成紀』（幻冬舎文庫）など。

発行者　佐藤俊彦
発行所　株式会社ワニ・プラス
〒１５０－８４８２
東京都渋谷区恵比寿４－４－９えびす大黒ビル７Ｆ
電話　０３－５４４９－２１７１（編集）
発売元　株式会社ワニブックス
〒１５０－８４８２
東京都渋谷区恵比寿４－４－９えびす大黒ビル
電話　０３－５４４９－２７１１（代表）
装丁　橘田浩志（アティック）
清水良洋　佐野佳子（Malpu Design）
印刷・製本所　大日本印刷株式会社
ＤＴＰ　株式会社ＹＨＢ編集企画、平林弘子

ISBN 978-4-8470-6133-2